मनोविज्ञान
जीवन का रहस्य

मनोविज्ञान
जीवन का रहस्य

लेखक

विजय कुमार सिंगल

(आयकर आयुक्त)

सम्पादन

अतुल भारद्वाज

मानस पब्लिकेशन

नई दिल्ली-110002 (भारत)

मनोविज्ञान: जीवन का रहस्य

ISBN: 81-7049-234-3

प्रकाशन वर्ष 2005

रुपये 395/-

मानस पब्लिकेशन्स

4858, गली प्रह्लाद,
24, अंसारी रोड, दरियागंज,
नई दिल्ली-110 002 (भारत)
फोन: 91-11-23260783, 23265523 (ऑफिस); 27131660 (घर)
फैक्स: 91-11-23272766
ई-मेल: manaspublications@vsnl.com

अक्षर मुद्राकंन: इन्नोवेटिव प्रौसेसर्स
मुद्रक: नाईस प्रिंटिंग प्रेस, नई दिल्ली।

यह पुस्तक समर्पित है
मेरी मां 'शांति' को

आभार

इस पुस्तक की रचना में मुझे अनेक मित्रों और प्रशंसकों का सहयोग मिला है। सबसे पहले मैं नीतिश का आभारी हूं जिसने मुझे इस पुस्तक को लिखने के लिए प्रेरित किया।

मैं श्री अतुल भारद्वाज का भी आभार व्यक्त करता हूं जिन्होंने इस पुस्तक का बहुत ही सटिक एवं प्रभावी रूप में सम्पादन एवं हिन्दी रूपांतरण कर पाठकों को अपनी भाषा में पुस्तक के विषय को आत्मसात करने हेतु एक श्रेष्ठ विकल्प उपलब्ध कराया। अतुल जी की अंग्रेजी व हिन्दी भाषाओं पर पकड़ और अभिव्यक्ति शैली ने मुझे काफी प्रभावित किया है।

डा. राम कुमार शर्मा ने इस पुस्तक को अंतिम रूप देने में अपना बहुमूल्य समय दिया है जिसके लिए मैं हृदय से उनका आभारी हूं।

दीपक दास के जीवंत चित्रों ने इस पुस्तक में एक नई जान डालने का काम किया है। इसके लिए उनकी जितनी प्रशंसा की जाए कम है।

यहां मैं अपनी जीवनसंगिनी नताशा सिंगल का भी आभार व्यक्त करना चाहूंगा जिन्होंने जीवन में हर क्षण मुझे अपना पूर्ण सहयोग दिया है।

समस्याओं से भागो नहीं अपितु उनका हल खोजो

आमुख

हर प्रकार के ज्ञान-विज्ञान का एक खास उद्देश्य मानव मन में प्राय: उठने वाले प्रश्नों के उत्तर पाना है। लेकिन सामान्यत: हम यह जान ही नहीं पाते कि प्रश्नों के उत्तर उनमें ही छुपे रहते हैं। मानव मन को विचलित करने वाले इन प्रश्नों को यदि सुव्यवस्थित और क्रमबद्ध रूप में सोचा जाए तो निस्संदेह ये स्वयं ही अपने उत्तरों को खोजने की क्षमता रखते हैं। जब चेतना के माध्यम से विवेक कार्य करता है तो जीवन की अति विकट समस्याएं भी स्वयं सुलझने लगती हैं। केवल यही नहीं, सृष्टि के सच्चे बोध के द्वारा कोई भी व्यक्ति स्वयं ईश्वर से संबंध स्थापित कर सकता है।

इस विश्वास को आधार मानकर इस पुस्तक के द्वारा सृष्टि के जटिल तन्त्र की उलझनों को सुलझाने का एक प्रयास किया गया है।

पाठक की सुविधा को ध्यान में रखते हुए इस पुस्तक को आठ विभिन्न अध्यायों में विभाजित किया गया है। पहले दो में जीवन की उत्पत्ति को जानने का प्रयास किया गया है। सर्वव्यापी चेतना ने स्वयं को किस प्रकार प्रकट करना प्रारम्भ किया और कैसे पदार्थ और ऊर्जा के अलग-अलग रूपों के विभिन्न क्रमपरिवर्तन तथा सम्मिश्रणों के द्वारा इस सृष्टि में जीवन का उदय हुआ.. इन दो अध्यायों में इसी की व्याख्या है। सृष्टि के सतत् विकास की प्रक्रिया की एक निश्चित अवस्था में प्राणवान जीव इस सृष्टि में आया जिसे न केवल अपने अस्तित्व का बोध था अपितु वह अन्य जैविक तथा अजैविक इकाइयों के भिन्न अस्तित्व से भी भली-भांति परिचित था। चेतना के गुण को ग्रहण करने के बाद इस प्राणवान जीव ने अपने मन में बाह्य संसार से पूर्णत: भिन्न अपनी एक छवि का निर्माण किया। इस तरह सृष्टि में अहं की उत्पत्ति हुई।

चूंकि चेतना ही वह माध्यम है जिसके द्वारा अहं विकसित होता है और प्राणवान जीव अपने अस्तित्व को बनाकर रख सकता है इस आधार पर किसी

व्यक्ति के व्यक्तित्व को निर्धारित करने वाला अहं वास्तव में एक अत्यंत परिवर्तनशील संकल्पना है। यह तीन ऐसे घटकों पर निर्भर करता है जो स्वयं सदा प्रवाहमय रहते हैं। ये तीन घटक हैं–परिवेश, अनुभव और इच्छाशक्ति।

तीसरे अध्याय में मानव मन के स्वभाव की विभिन्न परतों को खोलने का प्रयास किया गया है। आत्म और अहं के साथ-साथ चेतन और अवचेतन मन के बीच तुलनात्मक अध्ययन भी किया गया है। इस बात पर भी गहनता से विचार-विमर्श किया गया है कि इन विषयों का समुचित ज्ञान और इनके संबंध में पूर्ण सजगता किस प्रकार मनुष्य को सुव्यवस्थित तथा वैयक्तिक रूप से संतुष्टि और सामाजिक रूप से उपयोगी जीवन जीने में सहायता करती है।

इस सृष्टि में सभी जीव और स्वयं ईश्वर एक समान नियमों से नियंत्रित और संचालित होते हैं। इन्हें प्रकृति के नियम कहा जाता है। ये नियम सार्वभौमिक हैं और सभी पर एक समान रूप से लागू होते हैं। यदि इन नियमों के सम्बंध में कोई अपवाद है तो वह केवल एक भ्रान्ति है। चौथे और पांचवें अध्याय में मनुष्य के ईश्वर के साथ संबंधों की चर्चा की गई है।

छठे अध्याय में इस तथ्य की व्याख्या है कि किस प्रकार सभी मनुष्य असंगत और तर्कहीन विचारों के घेरे में जकड़े हुए हैं। किस प्रकार अपनी वृद्धिमान चेतना के माध्यम से वे न केवल इस दोषपूर्ण घेरे को तोड़ सकते हैं बल्कि एक विशुद्ध गोलाभ में प्रवेश भी पा जाते हैं जहां वे 'मन की पूर्ण शांति' को प्राप्त करते हैं।

सातवें अध्याय में संबंधों के उस ताने-बाने को जानने की कोशिश की गई जिसमें हर इंसान बंधा हुआ है। संबंध बनाना एक बहु-आयामी और परिवर्तनशील संकल्पना है। इस सृष्टि में सभी प्राणियों में केवल मनुष्य ही है जो अन्य जीवों, अमूर्त विचारों और बिम्बात्मक वस्तुओं के साथ अपने भावनात्मक संबंध स्थापित करता है।

अन्तिम अध्याय में उन प्रश्नों के उत्तर देने का प्रयास किया गया है जो जीवन के विभिन्न पहलूओं से संबंधित हैं और प्राय: मानव-मन में उठते रहते हैं। इस अध्याय का उद्देश्य केवल यही है कि पाठक के मन में संबंधित विषयों को लेकर किसी तरह का कोई भ्रम शेष न रहे।

दर्शनशास्त्र और समाज विज्ञान पर लिखा गया कोई भी शोधग्रंथ अध्ययन के बाद पाठक के मन में उठने वाले प्रश्नों के सही उत्तर उपलब्ध कराने का

दावा नहीं करता। हां, इतना अवश्य है कि यह जिज्ञासा की गेंद को पाले में अवश्य लुढ़का सकता है।

इस पुस्तक के भाग दो में मानव-व्यवहार से संबंधित विभिन्न विषयों पर कुछ सूक्तियों और विचारों का संकलन किया गया है। ये सूक्तियां किसी विषय पर किये गये शोध का परिणाम नहीं हैं अपितु लेखक के दिन-प्रतिदिन के अनुभवों से प्राप्त शिक्षा का सार हैं। दूसरे शब्दों में कहा जाए तो इस पुस्तक के भाग दो के माध्यम से सामान्य ज्ञान और सामान्य व्यवहार को अभिव्यक्ति देने का प्रयास किया गया है।

उपदेश बांटना भी मेरा उद्देश्य नहीं है। इसमें वह सब है जिसे हम सभी जानते हैं। हम सभी को पता है कि हमारे लिए क्या अच्छा है और क्या बुरा, फिर भी सही समय पर मिला एक सही संदेश जीवन पथ पर बहुत सहायक सिद्ध हो सकता है। अत्यंत कठिन एवं दुविधापूर्ण समय में एक प्रेरणादायक विचार हमारा मार्ग प्रशस्त कर सकता है। यही इस पुस्तक का उद्देश्य है।

इस पुस्तक के माध्यम से किया गया यह प्रयत्न यदि अपने इस उद्देश्य में सफल होता है तो निस्संदेह यह एक बड़ी ही संतोषप्रद बात होगी।

विषय-सूची

आपकी शक्ति और सामर्थ्य का स्त्रोत
आपके भीतर विद्यमान है, इसे खोजो।
आपकी दुर्बलता आपकी कमजोर
विचार-प्रक्रिया है, इस पर विजय पाओ।

अपने आप पर अहंकार करने की अपेक्षा
ऐसे बनो कि संसार आप पर गर्व करे

जीवन प्रकृति का अनुपम उपहार है
इसका सम्मान करना सीखो।

भाग 1

मनोविज्ञानः जीवन का रहस्य

H
O
H_2O

अध्याय एक

अहं की उत्पत्ति

समस्त सृष्टि अस्तित्व के दो मूल घटकों के बीच निरन्तर जारी पारस्परिक क्रिया का परिणाम है। ये दो मूल घटक हैं पदार्थ और ऊर्जा। सृष्टि की रचना में ये दोनों घटक उसी प्रकार काम करते हैं जिस प्रकार बाइनरी प्रणाली में शून्य और एक मिलकर इंटरनेट के संपूर्ण परोक्ष संसार की रचना करते हैं। जिस प्रकार शून्य और एक के विभिन्न क्रमपरिवर्तन तथा सम्मिश्रण साइबर-जगत् का निर्माण करते हैं, उसी प्रकार पदार्थ और ऊर्जा के विभिन्न संयोग सृष्टि में विद्यमान व्यापक विविधता के रूप में स्वयं को प्रकट करते हैं।

पदार्थ और ऊर्जा की भूमिका

पदार्थ भिन्न-भिन्न रूपों में समस्त सृष्टि में हर जगह मौजूद है। पृथ्वी, ग्रह, तारे, अंतरिक्ष आदि सभी पदार्थ से बने हैं और इसी रूप में ही इनका अस्तित्व है। इसके अतिरिक्त इस सृष्टि में विद्यमान जैविक और अजैविक इकाइयां भी पदार्थ के ही विभिन्न रूपों को प्रकट करती हैं। इस समस्त ब्रह्मांड में प्रत्येक वस्तु तथा जीव, भले ही वह जड़ हो या चेतन, पदार्थ से ही बना है और वह स्वयं पदार्थरूप भी है। किसी निश्चित समय तथा स्थान पर किसी पदार्थ का रूप और आकार उस ऊर्जा के द्वारा निर्धारित होता है जो उस समय उस पदार्थ पर कार्य करती है। कोई भी ऊर्जा पदार्थ के अभाव में अकेले कार्य नहीं कर सकती, क्योंकि समस्त ऊर्जा पदार्थ के भीतर ही विद्यमान रहती है। ऊर्जा शून्य में रहकर न तो कार्य कर सकती है और न ही अपने अस्तित्व को बनाकर रख सकती है। ऊर्जा के अभाव में पदार्थ भी निष्क्रिय और आकारहीन हो जाता है और उस स्थिति में उसके अस्तित्व का कोई महत्त्व ही नहीं रह जाता।

पदार्थ और ऊर्जा का न तो निर्माण किया जा सकता है और न ही इन्हें नष्ट किया जा सकता है, केवल इनके रूप बदलते रहते हैं। उसी प्रकार जैसे हाइड्रोजन को आक्सीजन के साथ मिलाने पर पानी बनता है, पानी बर्फ और भाप के रूप में परिवर्तित हो सकता है। लेकिन यहां मूल पदार्थ हाइड्रोजन और आक्सीजन की मात्रा तथा वास्तविक गुण वही रहते हैं; इनमें कोई परिवर्तन नहीं आता। पदार्थ व ऊर्जा के निरंतर प्रवाह का दूसरा नाम ही सृष्टि है जिसका न तो कोई आरम्भ है और न ही अन्त। पदार्थ निरंतर उस ऊर्जा के द्वारा संचालित होता है जिसका मूल स्वयं उसमें विद्यमान होता है इसलिए यह गतिशील और क्रियाशील बना रहता है। पदार्थ और ऊर्जा का यह पारस्परिक गुण ही इस सृष्टि की निरंतरता व गतिशीलता को बनाए हुए है।

वैज्ञानिक और तार्किक दृष्टिकोण का प्रयोग करते हुए हम पदार्थ और ऊर्जा के पारस्परिक संबंध को इस प्रकार भी समझ सकते हैं कि परमाणु पदार्थ का एक प्रमुख और सूक्ष्मतम हिस्सा होता है। सभी पदार्थ परमाणुओं के योग से बने हैं। स्वयं परमाणु एक केन्द्र बिन्दु के भीतर और बाहर विविध रूपों में एकत्रित न्यूट्रॉनस, प्रोटॉनस और इलैक्ट्रोन्स से बनता है। परमाणु अपने आकार रूप में एक पदार्थ है तथा यह अपने भीतर विद्यमान ऊर्जा के द्वारा निरंतर गतिशील बना रहता है। इस प्रकार परमाणु पदार्थ और ऊर्जा के मिले-जुले रूप की विशेषता को प्रकट करता है। हम यह भी कह सकते हैं कि परमाणु पदार्थ और ऊर्जा की लघुत्तम सम्मिश्रित संरचना है। इसे और अधिक भागों में विखंडित नहीं किया जा सकता। क्योंकि परमाणु को इसके अन्य पदार्थ और ऊर्जा अवयवों में खंडित नहीं किया जा सकता इस कारण पदार्थ और ऊर्जा एक-दूसरे से अलग होकर अपना अस्तित्व कायम नहीं रख सकते।

पदार्थ के प्रत्येक कण में गुरूत्वाकर्षण बल विद्यमान रहता है। यह एक तरह की आकर्षण शक्ति है जो अन्य पदार्थों को अपनी ओर आकृष्ट करती है। पदार्थ के अभाव में गुरूत्वाकर्षण बल की कल्पना भी संभव नहीं है तथा इसके अभाव में पदार्थ का भी अस्तित्व नहीं हो सकता। जैसे शून्य और एक पृथक होकर बाइनरी प्रणाली की रचना नहीं कर सकते।

विविध रूप

भौतिक विज्ञान की शब्दावली में पदार्थ के तीन रूप होते हैं—गैसीय, तरल और ठोस। पदार्थ के ये तीनों रूप उसके घनत्व पर निर्भर करते हैं। समान रूप से

बौद्धिक योग्यता के मानदंड पर पदार्थ की तीन श्रेणियां निर्धारित की जा सकती हैं-स्थूल (अपरिष्कृत), सूक्ष्म (उत्तम) और अतिसूक्ष्म (अतिउत्तम)। इन श्रेणियों का निर्धारण इस बात पर निर्भर करता है कि किसी निश्चित समय पर पदार्थ पर भौतिक शक्ति, वैचारिक शक्ति या चेतना की शक्ति में से कौन सी शक्ति कार्य करने में सक्षम है। पदार्थ की भांति ही ऊर्जा के भी तीन रूप है जिन्हें भौतिक, वैचारिक और चेतना की ऊर्जा का नाम दिया गया है।

जिस प्रकार भौतिक ऊर्जा स्थूल पदार्थ और वैचारिक ऊर्जा सूक्ष्म पदार्थ द्वारा कार्य करती हैं, उसी तरह चेतना की ऊर्जा स्वयं को केवल अतिसूक्ष्म पदार्थ के माध्यम से ही प्रकट कर सकती है। सूक्ष्म और अतिसूक्स्त पदार्थ, दोनो को मन के पदार्थ की संज्ञा दी जा सकती है, हालांकि प्रकृति में पदार्थ का विभिन्न श्रेणियों में विभाजन स्थायी नहीं है। इसे हम एक उदाहरण के द्वारा इस तरह भी समझ सकते हैं, मनुष्य का शरीर अपरिष्कृति पदार्थ है, मन सूक्ष्म यानि उत्तम पदार्थ है और आत्म को अतिसूक्ष्म अर्थात् अतिउत्तम पदार्थ की संज्ञा दी गई है। भौतिक ऊर्जा शरीर के द्वारा और वैचारिक ऊर्जा मन के माध्यम से कार्य करती हैं। चेतना की शक्ति स्वयं को आत्म के माध्यम से प्रकट करती है। यहां हमने ऊर्जा और पदार्थ के आपसी संबंध को समझने के लिए यह विभाजन किया है लेकिन प्रकृति द्वारा ऐसा कोई स्पष्ट विभाजन नहीं किया गया है।

भौतिक और बौद्धिक योग्यता के मानदंड को आधार मानकर यह कह सकते हैं कि पदार्थ निरंतर अपना रूप-आकार परिवर्तित करता रहता है, लेकिन इसका कोई भी रूप-आकार स्थायी नहीं है। यहां जो कुछ स्थायी है वह केवल मूल पदार्थ और उसकी अन्तर्निहित ऊर्जा है। इसीलिए पदार्थ किसी भी रूप में हो उसका वास्तविक गुण समान रहता है, उसमें कोई परिवर्तन नहीं होता।

स्थूल और सूक्ष्म पदार्थ में अतिसूक्ष्म पदार्थ के मूल गुण विद्यमान रहते हैं। इसी प्रकार भौतिक और वैचारिक ऊर्जा में चेतना की ऊर्जा के मूल गुण और विशेषताएं विद्यमान होती हैं।

सृष्टि की रचना

निस्संदेह अब हम पदार्थ और ऊर्जा के विभिन्न रूपों से परिचित हो चुके हैं और साथ ही इनके पारस्परिक संबंध को भी भली-भांति जान चुके हैं। अब प्रश्न यह उठता है कि इन दोनों तत्त्वों के द्वारा किस प्रकार सृष्टि की उत्पत्ति हुई। आइए अब इसे जानने का प्रयास करते हैं।

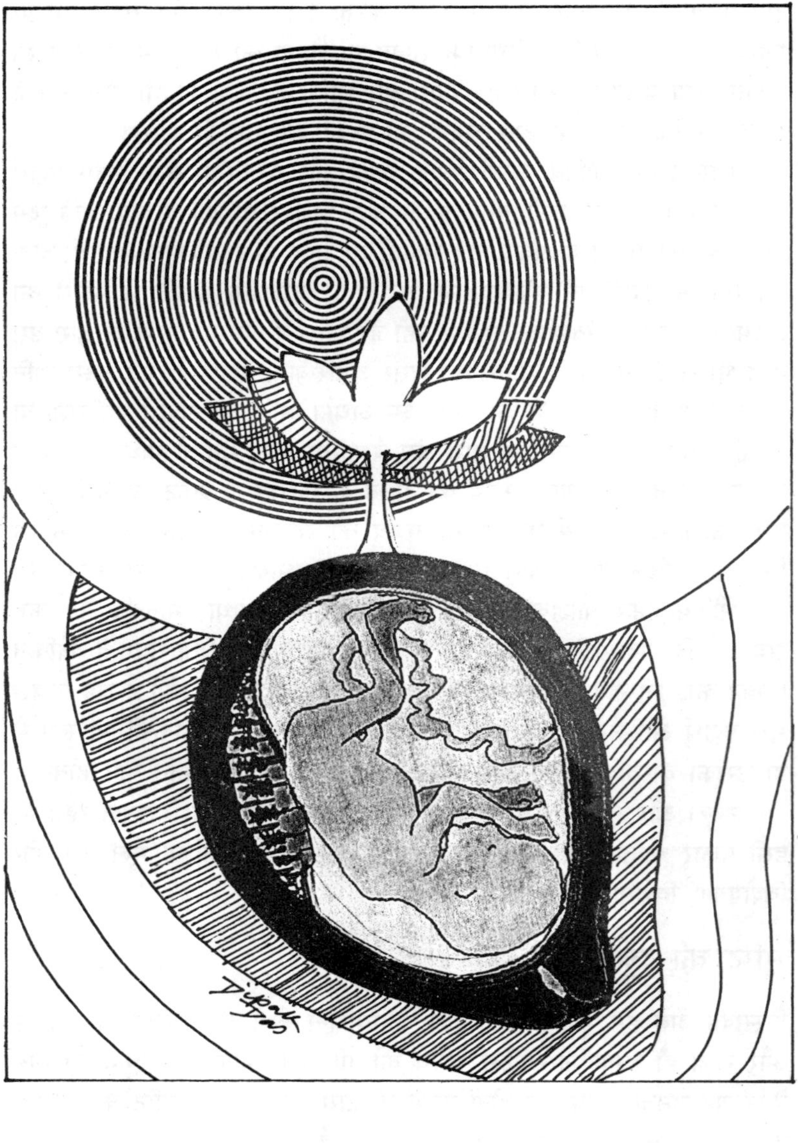

ऊर्जा क्या है? ऊर्जा को हम शक्ति या बल भी कह सकते हैं। शब्दकोश के अनुसार ऊर्जा या बल वह प्रभाव है जो गति उत्पन्न करता है। जब सृष्टि प्रकट नहीं हुई थी उस समय समस्त पदार्थ निष्क्रिय अवस्था में विद्यमान था और समस्त अन्तर्निहित ऊर्जा केवल अपने संभावित मूल रूप में विद्यमान थी यानि सृष्टिपूर्व समस्त पदार्थ अपने अतिसूक्ष्म अर्थात् अतिउत्तम रूप में उपस्थित था, जबकि समस्त ऊर्जा विशुद्ध चेतना के रूप में विद्यमान थी। यह अस्तित्व का सबसे विशुद्ध रूप था, जो आकारविहीन, गतिहीन और निष्क्रिय तो था ही साथ ही समय और स्थान की परीधि से भी परे था। सब ओर पूर्ण शांति थी, क्योंकि ऊर्जा के सभी रूपों में संतुलन था। फिर एक अवस्था आयी जिसमें किसी कारण से ऊर्जा के विभिन्न रूपों के बीच विद्यमान संतुलन बिगड़ गया जिसने सृष्टि के सतत् विकास की प्रक्रिया को जन्म दिया। इस तरह सृष्टि की रचना आरम्भ हुई।

सृष्टि के विकास की प्रारम्भिक अवस्था में अन्तर्निहित ऊर्जा के एक अंश ने स्वयं को गति प्रदान करने वाली ऊर्जा के रूप में परिवर्तित करना शुरू कर दिया और साथ ही यह ऊर्जा पदार्थ पर कार्य करने लगी। इस प्रक्रिया के परिणामस्वरूप एक क्रिया-प्रतिक्रिया का सिलसिला आरम्भ हुआ। आकारविहीन पदार्थ ने अलग-अलग समय और स्थानों पर भिन्न-भिन्न रूप धारण करने प्रारम्भ कर दिए। इस प्रकार इस ब्रह्मांड में सूर्य, ग्रह, नक्षत्र, तारों, पृथ्वी, अंतरिक्ष इत्यादि की सृष्टि हुई। इसी के साथ इस सृष्टि में समय और स्थान की अवधारणा का भी उदय हुआ।

चूंकि ऊर्जा निरन्तर पदार्थ पर कार्य कर रही थी इसलिए चारों ओर गतिशीलता विद्यमान थी, लेकिन फिर भी पदार्थ में पूरी तरह शांति और संतुलन विद्यमान था। ऐसा इसलिए था कि 'शांति' पदार्थ-ऊर्जा प्रणाली की मूलभूत प्रकृति है। आन्तरिक विकास की प्रक्रिया ने गतिहीन शांति को गतिशील शांति में परिवर्तित कर दिया। इसे गतिशील शांति कहना ही उचित होगा क्योंकि इस अवस्था में पदार्थ और ऊर्जा के बीच होने वाली पारस्परिक-क्रिया में समन्वय और संतुलन विद्यमान था।

जीवन की उत्पत्ति

सूर्य, नक्षत्र, ग्रहों इत्यादि के रूप में पदार्थ भिन्न-भिन्न आकार लेने लगा जिनमें हर पल परिवर्तन हो रहे थे। सृष्टि के विकास की इस अवस्था तक जीवन की

उत्पत्ति नहीं हुई थी। जीवन क्या है? जब भौतिक ऊर्जा स्थूल पदार्थ पर कार्य करती है तो वह पदार्थ काम करना शुरू कर देता है। यह सत्य है कि अपरिष्कृत पदार्थ भौतिक ऊर्जा के प्रभाव से कुछ न कुछ कार्य अवश्य करता है, लेकिन इसके बाद भी वह अजैविक जड़ पदार्थ ही बना रहता है। दूसरी ओर सूक्ष्म अर्थात् उत्तम रूप में विद्यमान पदार्थ जब वैचारिक ऊर्जा के द्वारा कार्य करता है तो इसमें कुछ निश्चित परिर्वतन होते हैं। ये परिवर्तन इस पदार्थ को स्वत: कार्य करने और संचालित होने की क्षमता प्रदान करते हैं। यहीं से इस सृष्टि में जीवन का उदय हुआ। स्पष्ट शब्दों में कहें तो अपने साथ सुख या दु:ख, आनन्द या कष्ट, डर या निर्भयता, संतुष्टि या असंतुष्टि आदि का संदेश लेकर आने वाली प्रत्येक विचार तरंग हर उस पदार्थ में कुछ निश्चित परिर्वतन करती है जिसे वह संचालित कर रही होती है। यह विचार तरंग उस पदार्थ को अपने प्रभाव से कार्य करने के लिए प्रेरित भी करती है। इस तरह इस सृष्टि में जीवन की उत्पत्ति हुई।

सृष्टि के सतत् विकास की अगली अवस्था में जब जैविक पदार्थ चेतना की ऊर्जा के माध्यम से कार्य करने लगा तो उसमें अपने कार्यों के प्रति भी चेतना जागृत हुई। यहीं से चेतनापूर्ण जीवन की उत्पत्ति हुई।

सृष्टि के विकास की प्रारम्भिक अवस्था में जीवन का अस्तित्व क्यों नहीं था? इसका कारण केवल यह है कि इस अवस्था तक शरीर और मन की संगठित संरचना रूपी उस साधन का विकास नहीं हुआ था जिसके द्वारा जीवन स्वयं को अभिव्यक्त कर सकता था। यह साधन विकास की प्रक्रिया के प्रारंभ होने के करोड़ों वर्षों बाद विकास की किसी अवस्था में अस्तित्व में आया और इसके बाद ही जीवन का सूत्रपात हुआ।

जब पदार्थ के निहित परमाणुओं ने अपनी अन्तर्निहित ऊर्जा के साथ स्वयं को एक क्रियाशील और गतिशील इकाई के रूप में संगठित और एकत्रित कर लिया तो जीवन एक जैविक इकाई के रूप में प्रारम्भ हुआ। इस जैविक इकाई का अपना एक शरीर और मन था। जब इस क्रियाशील इकाई ने कार्य करना बंद कर दिया तो यह पुन: अजैविक पदार्थ में परिवर्तित हो गई। यही उस प्राणवान जीव की मृत्यु थी। समय बीतने के साथ-साथ इस जैविक इकाई ने स्वयं को और अधिक विकसित कर लिया और इसकी क्रियाओं में भी विकास होने लगा। जन्म लेना, विकसित होना और अन्त में मृत्यु को प्राप्त होना यह

इस जैविक इकाई की जीवन लीला थी। जन्म और मृत्यु के बीच यह जैविक इकाई निरन्तर सांस लेती थी। इसे भूख और प्यास भी लगती थी। आनन्द और कष्ट की अनुभूति भी होती थी। स्पष्टत: यह एक जीवित प्राणी था। फिर भी इस अवस्था तक इस प्राणवान जीव को अपने अस्तित्व का कोई बोध नहीं था। जीवन के सभी कार्य बिना किसी चाह को प्रकट किए यांत्रिक और अन्त:प्रेरणा से ही संपन्न होते थे।

यह जीवन की शुरूआत थी। संभवत: पृथ्वी ही एकमात्र ऐसा स्थान है जहां जीवन की उत्पत्ति और विकास हुआ है। पर किसी अन्य ग्रह पर भी जीवन प्रकट हुआ हो, इस संभावना से भी इंकार नहीं किया जा सकता। ऐसी संभावना भी है कि इस ब्रह्मांड में जीवन का आरम्भ अलग-अलग स्थानों पर अलग-अलग समय पर हुआ है। कहीं सृष्टि के विकास की प्रारम्भिक अवस्था में ही जीवन की उत्पत्ति हुई, तो कहीं लम्बी प्रक्रिया के बाद जीवन अस्तित्व में आया। केवल यही नहीं, जीवन के रूप भी अलग-अलग स्थानों पर अलग-अलग रहे हैं।

आरम्भ से लेकर आज तक सृष्टि के विकास की प्रक्रिया निरंतर चल रही है। विकास की इस प्रक्रिया की क्या संभावनाएं हैं इसके विषय में अभी तक कोई कुछ नहीं जानता है। विकास की वर्तमान अवस्था में रहते हुए इसके संबंध में भविष्यवाणी करना काफी कठिन है। हम केवल इसकी साकार कल्पना ही कर सकते हैं। पर एक बात निश्चित है कि निर्माण की भांति विनाश भी सृष्टि के विकास की प्रक्रिया का एक अहं हिस्सा है। परन्तु ध्यान रहे कि निर्माण और विनाश से मूल पदार्थ और अन्तर्निहित ऊर्जा के अस्तित्व पर कोई फर्क नहीं पड़ता है। केवल रूप बनते और बिगड़ते रहते हैं; पदार्थ और ऊर्जा तो सदा अपने मूल रूप में बने रहते हैं।

यह भी संभव है कि भविष्य में कभी किसी समय जीवन की अभिव्यक्ति पूरी तरह विलुप्त हो जाए। शक्तियों के बीच बिगड़ा संतुलन पुन:स्थापित हो जाए और ऊर्जा विशुद्ध चेतना के अपने मूल रूप को पुन: प्राप्त कर ले। हो सकता है कि अब से पहले इस सृष्टि में अस्तित्व का चक्र अर्थात् विशुद्ध चेतना, जीवन की अभिव्यक्ति और मूल रूप में पुन: लौटने की प्रक्रिया को असंख्य बार इसी तरह दोहराया जा चुका हो।

कार्य का निष्पादन

सृष्टि की उत्पत्ति के बाद इस ब्रह्मांड में जीवन का उदय हुआ, लेकिन प्रारम्भिक जीव का जीवन किस प्रकार आगे बढ़ा और उसके कार्य करने का ढंग कैसा था? क्या वह उसी तरह कार्य करता था जैसे हम आज अपने कार्यों को करते हैं? आइए इसे जानने का प्रयास करते हैं।

विकास की प्रारम्भिक अवस्था में जीवन का अस्तित्व ऐसे प्राथमिक पौधों और जीवों के रूप में था जिनमें बौद्धिकता बहुत कम थी। इन जीवों में सोचने-समझने की शक्ति बहुत कम या न के बराबर थी। इसके बाद जीवन के विकास की प्रक्रिया में ऐसे जीव-जन्तु इस सृष्टि में आए जिनमें सोचने और समझने की शक्ति केवल इतनी थी कि वे अपने और अपने बच्चों के लिए भोजन, घर तथा अन्य जानवरों से सुरक्षा जैसी आवश्यकताओं को पूरा करने में सक्षम थे। ये जीव-जन्तु समूहों के रूप में निर्धारित नियमों और कानूनों का पालन करते हुए रहते थे, इस तरह इन्होंने सामाजिक जीवन जीना सीख लिया था, फिर भी इनमें बड़ी कमी थी। निस्संदेह ये अपनी आवश्यकताओं के अनुरूप कार्य करने में सक्षम थे, लेकिन अपने कार्यों को करने में वे बौद्धिकता और चेतना का प्रयोग नहीं करते थे। इन्हें अपने भिन्न अस्तित्व का कोई बोध नहीं था। सृष्टि के विकास की इस अवस्था तक 'अहं' अर्थात् 'मैं' की अवधारणा लगभग विलुप्त ही थी। आज भी हमारे सामने बंदर, चिम्पांजी, मधुमखी, चींटी आदि जीवों के उदाहरण मौजूद हैं जो वैसे तो बहुत बुद्धिमान जीव माने जाते हैं पर इनमें चेतना और सजगता बहुत कम या न के बराबर है।

चेतनापूर्ण जीवन की उत्पत्ति

निरन्तर गतिशील विकास क्रम में मन और शरीर की संगठित संरचना ने अपने लिए सजगता अर्थात् चेतना के गुण को प्राप्त कर लिया। इस अवस्था में अपरिष्कृत, सूक्ष्म और अतिसूक्ष्म पदार्थ की छोटी-छोटी इकाइयां शरीर और मन की विभिन्न संगठित संरचनाओं में वर्गीकृत हो गईं, जो शारीरिक और वैचारिक ऊर्जा के द्वारा संचालित हो रही थीं। ये इकाइयां अब न केवल स्वयं अपने अस्तित्व के प्रति सचेत थीं अपितु इन्हें अन्य जड़ और चेतन इकाइयों की भिन्न-भिन्न पहचान का भी स्पष्ट बोध था। यही वह अवस्था थी जब इस

सृष्टि में चेतनापूर्ण जीवन का उदय हुआ और इसी के साथ मानव-विकास भी प्रारम्भ हुआ।

अस्तित्व के विभिन्न स्तर

मनुष्य के विषय में कहा गया है कि वह तीन अलग-अलग स्तरों पर कार्य करता है जो शारीरिक, बौद्धिक और चेतना के स्तर कहे जाते हैं। ये तीनों स्तर क्रमशः शरीर, मन और आत्म से संबंधित हैं। इस दृष्टिकोण के अनुसार जहां एक ओर ये तीनों स्तर अपरिष्कृत, सूक्ष्म और अतिसूक्ष्म पदार्थ के सादृश्य हैं वहीं दूसरी ओर ये भौतिक, वैचारिक और चेतना की ऊर्जा के अनुरूप भी हैं। यद्यपि ये तीनों स्तर आपस में भिन्न प्रतीत होते हैं, तो भी मूलतः ये परस्पर गहराई से जुड़े हुए है तथा एक-दूसरे पर निर्भर भी करते हैं। अतिसूक्ष्म पदार्थ सूक्ष्म पदार्थ का और सूक्ष्म पदार्थ अपरिष्कृत पदार्थ का ही परिष्कृत रूप है। या यूँ कहें कि शरीर अपरिष्कृत पदार्थ है, बौद्धिकता और वैचारिकता सूक्ष्म पदार्थ है। चेतना अतिसूक्ष्म पदार्थ को प्रकट करती है। ये तीनों अवस्थाएं परस्पर बहुत गहराई से जुड़ी हुई हैं और इनमें आपसी निर्भरता भी है। ऊर्जा के विभिन्न रूपों में भी इसी प्रकार की पारस्परिक निर्भरता और संबंध है। चेतना स्वयं को शरीर और मन रूपी साधन के माध्यम से ही अभिव्यक्त कर सकती है। शरीर रूपी साधन के अभाव में मन की कल्पना करना असंभव है, केवल शरीर ही है जिसके द्वारा मन कार्य कर सकता है। कोई भी उच्च-स्तरीय अस्तित्व निम्न-स्तरीय अस्तित्व के सुदृढ़ आधार के बिना कायम नहीं रह सकता है। यहां इस वास्तविकता से भी इंकार नहीं किया जा सकता कि अस्तित्व का उच्च स्तर विकास की प्रक्रिया में अत्यंत उन्नत अवस्था को प्रदर्शित करता है। अतः स्पष्ट है कि मनुष्य इस सृष्टि की अभी तक की सबसे श्रेष्ठ एवं विकसित रचना है, उसके पास शरीर है, मन है और चेतना भी है। व्यक्तिगत और सामूहिक स्तर पर चेतना का गुण मनुष्य को एक ऐसे श्रेष्ठ जीवन की ओर ले जा सकता है जहां वह व्यक्तिगत स्तर पर संतुष्टिपूर्ण और सामाजिक स्तर पर लाभप्रद जीवन का आनन्द ले सकता है।

चेतना का गुण हमें चुनने का अधिकार देता है। चेतना ही वह माध्यम है जिसके द्वारा मनुष्य अच्छे-बुरे, हित-अहित में अंतर स्पष्ट कर सकता है। प्रत्येक जीव जिसमें चेतना का अंश है उसे हर क्षण चुनाव के अधिकार को इस्तेमाल करने का अवसर मिलता रहता है। चुनने के अधिकार को प्रयोग करने

का अर्थ है–निर्णय लेना। जहां एक ओर मनुष्य के लिए प्रत्येक क्षण निर्णय लेने का क्षण होता है वहीं जानवर प्राय: उसी प्रकार कार्य करते हैं जैसा प्रकृति ने उन्हें बनाया है। मनुष्य द्वारा समय-समय पर निर्णय लेना चेतनापूर्ण कार्य को जन्म देता है। यह सच है कि जानवर भी काम करते है परन्तु उनके तथा मनुष्य के काम करने में गुणात्मक अंतर है। जानवर जो भी काम करते है उन्हें स्वयं उस कार्य का बोध नहीं होता। उनके द्वारा किया गया कार्य स्वभाववश स्वत: होता जाता है, अर्थात् किसी भी कार्य को करने में वे अपने मस्तिष्क का प्रयोग करने में अक्षम होते हैं; जबकि मनुष्य किसी भी कार्य को पूर्णत: सोच-समझकर और चेतना के साथ करता है। यही कारण है कि वह अपने द्वारा किए गए कार्यों के परिणामों का संपूर्ण श्रेय स्वयं को देता है और इस कारण आनन्द और अपराधबोध की अनुभूतियों का अहसास भी करता है। संक्षेप में कहें तो इस सृष्टि में अपने एक भिन्न अस्तित्व के प्रति सजगता और किसी कार्य का कर्त्ता होने की प्रबल भावना से ही अहं की उत्पत्ति हुई है।

अहं का अस्तित्व

यदि चेतना ही वह माध्यम है जिसके द्वारा अहं उत्पन्न होता है और कार्य करता है तो चुनने के अधिकार का प्रयोग करना, निर्णय लेना और परिणामस्वरूप किसी कार्य को करना- ये वे उत्प्रेरक हैं जो अहं की अवधारणा को अधिक सुदृढ़ करते हैं। हर काम के भीतर उसके परिणाम के बीज छिपे होते हैं। हम जो भी काम करते है उसके कुछ निश्चित या संभावित परिणाम अवश्य होते हैं जो उस काम के बाद हमारे सामने आते रहते हैं। कार्य और उनके परिणाम एक ही सिक्के के दो पहलू हैं। एक-दूसरे के अभाव में इनका कोई अस्तित्व ही नहीं हो सकता। घटनाओं की निरंतर गतिमान शृंखला अनेक कार्यों और उनके परिणामों की पराकाष्ठा है।

घटनाओं की यह शृंखला जीवन का अभिन्न हिस्सा है जिसके अभाव में जीवन के अस्तित्व की कल्पना भी नहीं की जा सकती। मनुष्य द्वारा किए गए कार्य निरंतर घटने वाले घटना क्रमों को प्रभावित करते हैं, अत: वह स्वयं को इन घटनाओं का निर्माता समझने लगता है, जबकि वास्तविकता यह है कि घटनाओं की इस शृंखला में वह केवल एक भागीदार मात्र होता है। मनुष्य घटनाओं के होने या न होने के लिए तथा अपने कार्यों के परिणामों के लिए स्वयं को उत्तरदायी मानता है और इसके द्वारा आनन्द, कष्ट या अपराधबोध की

अनुभूति भी करता है। यह अनुभूतियां उसके मन में 'मैं' कि भावना को जन्म देती हैं। इस प्रकार वैयक्तिक अह्म अस्तित्व में आया जो हर क्षण दृढ़ से दृढ़तर होता रहता है।

सामूहिक अहं

वैयक्तिक अहं के अस्तित्व में आने के साथ ही सामूहिक अहं की भी अवधारणा विकसित हुई। वैयक्तिक अहं न केवल अपने आप में एक भिन्न इकाई है अपितु यह सामूहिक अहं के विभिन्न रूपों का अंश भी है। व्यक्तिगत अहं से ही सामूहिक अहं की सर्जना हुई है। उदाहरण के लिए एक व्यक्ति एक ही समय में एक परिवार का हिस्सा है, एक सामाजिक और धार्मिक समूह का सदस्य भी है और साथ ही वह एक राष्ट्र का नागरिक भी है। इस प्रकार कोई व्यक्ति विभिन्न समूहों के रूप में अपनी सामूहिक पहचान बनाता है। यह सामूहिक पहचान ही सामूहिक अहं है। ध्यान रहे कि सामूहिक अहं व्यक्तिगत अहं का कुल योग मात्र नहीं है अपितु इसकी अपनी भी एक पहचान और व्यक्तित्व होता है।

अपनी शक्ति और सामर्थ्य का बोध होने का अर्थ
अहंकार करना कदापि नहीं है,
बशर्ते हमें अपनी कमजोरियों का भी बोध हो।

अध्याय दो

अहं का स्वरूप

वैयक्तिक अहं चेतना के विशाल सागर में एक क्षणिक विचार तरंग के अतिरिक्त और कुछ भी नहीं है। यह विचार तरंग पदार्थ की स्वतंत्र इकाई और इसकी अन्तर्निहित ऊर्जा अर्थात् शरीर और मन की संगठित संरचना में उत्पन्न होती है। वैयक्तिक अहं एक विचार या भावना मात्र है जिसका चेतना के अभाव में कोई अस्तित्व नहीं हो सकता। चेतना के अभाव में वैयक्तिक अहं न तो उत्पन्न हो सकता है और न ही अपना अस्तित्व बनाकर रख सकता है।

कोई पत्थर चाहे आकार में कितना भी बड़ा क्यों न हो परन्तु उसे अपने विषय में कोई ज्ञान नहीं होता। स्पष्ट है कि उसमें अहं बिलकुल नहीं है, क्योंकि वह चेतना के माध्यम में कार्य नहीं करता। चेतना और वैचारिकता का अंश शून्य होने के कारण ही उसे जड़ वस्तु की संज्ञा दी गई है। इसी प्रकार पशुओं को अपने विषय में बहुत कम बोध होता है। वे न तो अपनी अलग पहचान से परिचित होते हैं और न ही दूसरों के साथ अपनी तुलना करने में सक्षम हैं। अत: कहा जा सकता है कि पशुओं व जानवरों में बहुत कम या न के बराबर अहं होता है।

दूसरी ओर, मनुष्य में चेतना काफी अधिक है। उसे न केवल अपने भिन्न अस्तित्व का बोध है अपितु वह अपने आसपास के लोगों, जानवरों और वस्तुओं के भिन्न अस्तित्व से भी भली-भांति परिचित है। मनुष्य संसार के अन्य प्राणियों के साथ अपनी तुलना करने में भी पूर्णत: सक्षम है। इस आधार पर हम मनुष्य को शरीर और मन की एक ऐसी संगठित संरचना भी कह सकते है जिसमें चेतना सर्वाधिक है। चेतना के गुण के आधार पर मनुष्य अपने मन में

अपनी एक अलग छवि बनाता है। उसकी यह छवि उसे संपूर्ण संसार से भिन्न प्रकट करती है। वस्तुत: यही अहं है।

अहं का अर्थ अभिमान या अहंकार से नहीं है अपितु अहं किसी व्यक्ति की वह निश्चित पहचान है जो उसे संपूर्ण बाह्य संसार से अलग रखती है। अहं किसी व्यक्ति की वह छवि है जिसे वह चेतना के दर्पण में देखता है। चेतना की यह व्यापक वास्तविकता मन की विभिन्न संगठित संरचनाओं के माध्यम से भिन्न-भिन्न अंश रूपों में प्रतिबिम्बित होती है। यद्यपि इसमें दोराय नहीं कि चेतना के अभाव में अहं उत्पन्न नहीं हो सकता परन्तु यह भी पूरी तरह सत्य है कि अहं की उत्पत्ति में पदार्थ का होना भी उतना ही आवश्यक है क्योंकि अहं केवल तभी उत्पन्न होता है जब वैचारिक ऊर्जा मन रूपी पदार्थ पर कार्य करती है। यहां चेतना वह माध्यम है जिसके जरिए अहं उत्पन्न होता है।

अहं की अवधारणा को व्यवहारिक रूप में समझा जा सकता हैं। प्राय: मन ही मन हम अपने बारे में बहुत सी बातें सोचते हैं, जैसे—मैं इस सृष्टि का एक बुद्धिमान प्राणी हूं, मेरे अंदर अमुक-अमुक विशेषताएं है, मेरा नाम अपना है, मेरा चेहरा दूसरों से भिन्न है और मैं उस व्यक्ति से अधिक सुंदर हूं, यह मेरा परिवार है आदि। 'मैं' की भावना को केन्द्र में रखकर हम अपने मन में अपनी एक निश्चित छवि बना लेते हैं। यही व्यक्तिगत अहं है। अहं की भावना इसलिए उत्पन्न होती है क्योंकि इस संसार में हम अपने तथा अन्य लोगों, वस्तुओं आदि के विषय में सजग हैं। इस संबंध में हमारे ज्ञान का स्तर काफी विकसित है और हमारा दृष्टिकोण विशिष्ट गहराई लिए हुए है जिसके आधार पर हम अपनी और दूसरों की तुलना कर सकते हैं। यही सजगता ही चेतना है। यदि हमारे भीतर इस चेतना का गुण न हो तो हम अपनी और इस बाह्य संसार की पारस्परिक तुलना करने में अक्षम होंगे। इस स्थिति में उस आत्मछवि के बनने की कल्पना भी नहीं की जा सकती जो मन में हम अपने संबंध में बनाते हैं।

सीमित और बृहत् स्तर

इस संसार में मनुष्य अन्य प्राणियों के साथ अपने संबंध स्थापित करता है। वह दूसरों के साथ अपनी तुलना करता है और स्वयं को दूसरों से जोड़कर देखता है। इस आधार पर वह दो भिन्न दृष्टिकोणों के साथ अपना तथा दूसरे प्राणियों का अवलोकन कर सकता है। पहली यह कल्पना कि 'मैं इस संसार में अन्य

सभी प्राणियों से पूर्णतः भिन्न हूं और सभी के साथ मेरी प्रतिस्पर्द्धा है'। दूसरा दृष्टिकोण यह कि मेरी कोई अलग पहचान नहीं है। मैंने तो इस विशाल सृष्टि के एक छोटे से रूप और आकार को पलभर के लिए प्रकट करने हेतु जन्म लिया है। ये दोनो दृष्टिकोण ही क्रमशः अहं के सीमित और बृहत् स्तर हैं।

ये दोनो विचार पूर्णतः भिन्न और मानवीय-सोच की अलग-अलग पराकाष्ठाओं को प्रकट करते लगते हैं। लेकिन वास्तव में ये दोनो ही विचार उस वास्तविकता के दो भिन्न पक्ष हैं जिसे गतिशील और सर्वव्यापी जीवन-अस्तित्व कहा जाता है। यह भी कह सकते हैं कि ये दोनों विचार गतिशील और सर्वव्यापी जीवन-अस्तित्व को क्रमशः सीमित व बृहत् स्तर पर अभिव्यक्त करते हैं। हम पुनः कम्प्यूटर जगत से इस वास्तविकता को जोड़कर देखने का प्रयास करते हैं। जब एक कम्प्यूटर ऑपरेटर सीमित स्तर पर कार्य करता है तो उसे केवल अपनी मशीन का ही बोध रहता है लेकिन जब उसका यह बोध व्यापकता की ओर अग्रसर होता है तो वह स्वयं को सम्पूर्ण कम्प्यूटर तंत्र के एक अंश के रूप में देखता है। किसी व्यक्ति का अहम् किसी निश्चित समय पर न तो पूरी तरह सीमित स्तर को होता है और न ही पूरी तरह बृहत् स्तर का। इन दोनों स्तरों का मिला-जुला रूप ही किसी व्यक्ति के अहं का निर्धारण करता है। लेकिन यह भी सत्य है कि किसी एक समय पर अहं का सीमित स्तर अधिक प्रभावशाली होता है तो कभी अहं का बृहत् स्तर अधिक प्रबल होता है। यदि कोई व्यक्ति सीमित स्तरीय विश्वदृष्टि रखने का दावा करता है तो उसके अहं को हम आडम्बरपूर्ण अहं की संज्ञा दे सकते हैं, क्योंकि ऐसे अहं के प्रभाव में वह व्यक्ति स्वयं को संसार के अस्तित्व का एकमात्र कारण समझने लगता है।

कोई व्यक्ति किसी निर्धारित समय पर अहं के सीमित या बृहत् स्तर में से किस स्तर के तहत स्वयं का तथा अन्य प्राणियों का अवलोकन करता है यह उसकी वर्तमान परिस्थितियों और अतीत के अनुभवों पर निर्भर करता है। इन दोनों के अतिरिक्त किसी व्यक्ति की इच्छाशक्ति भी उसके अहं की प्रकृति को निर्धारित करने में महत्त्वपूर्ण भूमिका निभाती है।

एक गतिशील संकल्पना

प्रत्येक मनुष्य एक 'अहं' के साथ इस संसार में जन्म लेता है। इस अहं के स्वरूप का निर्धारण मुख्य रूप से उस परिवेश और परिस्थितियों पर निर्भर करता है जिनमें कोई व्यक्ति जन्म लेता है। अहं के इस स्वरूप निर्धारण में

गर्भकाल में ग्रहण किए गए अनुभव भी महत्वपूर्ण भूमिका निभाते हैं। अहं कोई स्थाई संकल्पना नहीं है अपितु यह एक गतिशील और अत्यंत परिवर्तनशील संकल्पना है क्योंकि अहं उन विभिन्न घटकों पर निर्भर करता है जो स्वयं कभी स्थिर नहीं रहते।

परिवेश की भूमिका

किसी व्यक्ति पर जिस चीज का सबसे पहले और सबसे अधिक प्रभाव पड़ता है वह है उस व्यक्ति का परिवेश। कोई भी दो व्यक्ति किसी भी अवस्था में एक समान परिस्थितियों या परिवेश में नहीं रहते। कुछ अवस्थाओं में दो व्यक्तियों का परिवेश दिखने में तो एक समान हो सकता है परन्तु वास्तव में ऐसा होता नहीं है। यहां तक कि दो जुड़वा लोगों की परिस्थितियां भी कभी एक समान नहीं हो सकती। किसी व्यक्ति का परिवेश अनेक घटकों से प्रभावित होता है, जिनमें से एक घटक है–किसी व्यक्ति का एक समय पर एक स्थान पर विद्यमान होना। समय के बारे में कहा गया है कि यह कभी लौटकर वापस नहीं आता। फिर कैसी भी परिस्थितियां हों, जो समय बीत गया वह दोबारा कभी लौटकर नहीं आएगा। जहां तक स्थान का संबंध है तो इसकी बृहत् प्रकृति और साथ ही पदार्थ के परमाणु के संबंध में यह तथ्य कि वह कभी स्थिर नहीं रहता और उसमें निरंतर परिवर्तन होता रहता है, ये दोनो तथ्य मिलकर पदार्थ के परमाणु के लिए लगभग असंभव बना देते हैं कि वह स्वयं को बार-बार एक ही स्थान और स्थिति में ला सके। इस तरह किसी व्यक्ति का परिवेश, जो अन्य घटकों के अतिरिक्त समय और स्थान जैसे परिवर्तनशील व गतिशील तत्वों पर निर्भर करता है, सदा प्रवाहमय बना रहता है। साधारण शब्दों में कहें तो मनुष्य का परिवेश कभी भी एक समान नहीं रहता; उसमें परिवर्तन होता रहता है। इस परिवर्तनशीलता के कारण ही किसी व्यक्ति का अहं भी परिवर्तनशील और गतिशील बना रहता है।

व्यवहारिक जीवन से इसे समझने का प्रयास करने हैं–यदि कोई व्यक्ति सोचे कि वह पहले काफी गरीब था पर आज उसके पास पर्याप्त धन-दौलत है तो यह विचार उस व्यक्ति की आर्थिक परिस्थितियों को प्रकट करता है। उस व्यक्ति की परिस्थितियां बदलीं तो वह स्वयं को काफी समर्थ मानने लगता है। इस तरह उसके अहं अर्थात् 'मैं' की भावना में भी परिवर्तन आया। ऐसा भी हो सकता है कि भविष्य में वह पुनः गरीब हो जाए, लेकिन इसे भी

परिस्थितियों और परिवेश की गतिशीलता या परिवर्तन ही कहा जाएगा। यहां एक बात ध्यान देने योग्य है कि भले ही वह व्यक्ति पुन: निर्धनता की अवस्था में पहुंच जाए लेकिन वह किसी भी तरह से उस समय को नहीं पा सकता जो बीत चुका है। स्पष्ट है कि परिवेश की परिवर्तनशीलता व गतिशीलता मनुष्य के अहं को प्रभावित करती है।

अनुभवों की भूमिका

किसी व्यक्ति के अहं को निर्धारित करने वाला दूसरा महत्त्वपूर्ण घटक है उस व्यक्ति के अनुभव। मनुष्य के अनुभव उसके स्मृतियों रूपी डिब्बे में एकत्रित होते रहते हैं। ये अनुभव अतीत की घटनाओं, कार्यों और उनके परिणामों आदि के रूप में प्रतिबिम्बत होते हैं। अपनी सुविधा के लिए हम इस स्मृतियों रूपी डिब्बे को दो काल्पनिक भागों में बांट सकते हैं। पहला हिस्सा वह जिसमें सतही स्मृतियां एकत्रित रहती है, जबकि दूसरा हिस्सा वह जिसमें आंतरिक स्मृतियां एकत्रित रहती हैं। स्मृतियों रूपी डिब्बे के इन दोनों हिस्सों को यदि आम बोलचाल की भाषा में कोई नाम दें तो इन्हें चेतन और अवचेतन मन कहा जा सकता है। सतही स्मृति वह है जो कभी भी किसी भी समय हमारे मस्तिष्क में उभर आती है, जबकि आन्तरिक स्मृति उस समय मन रूपी धरातल की परतों के नीचे दबी होती हैं। ऐसा नहीं है कि ये दोनों स्मृति रूप मन के दो अलग-अलग और पूर्णत: बंद हिस्सों में एकत्रित रहते हैं। कभी-कभी मन की गहराई में दबी किसी पुरानी घटना की स्मृति पलभर में उभर आती है जबकि कभी कोई हाल में ग्रहण किए गए अनुभव हमें याद नहीं रहते।

जैसे-जैसे हम जीवन में आगे बढ़ते जाते है हमारे अनुभव भी बढ़ते रहते हैं। कोई भी नया अनुभव किसी पुराने अनुभव की स्मृति को मिटा नहीं सकता। हां, वह अपने नए प्रभावों को अवश्य ही हमारी स्मृतियों में सम्मिलित कर देता है। इस प्रकार हम जीवन भर नए-नए अनुभव अपने मन में एकत्रित करते रहते है। यही अनुभवों की गतिशीलता है। हमारे अनुभव हमारे मन के धरातल पर कभी भी प्रकट हो जाते हैं और ये हमारे वर्तमान विचारों तक को परिवर्तित करने की क्षमता रखते है। हर अनुभव हमारे अहं को अपनी क्षमता के अनुसार प्रभावित करता है- जैसे मैंने जुआ खेला और मैं अपनी काफी सम्पत्ति हार गया। अब मुझे जुआ खेलने से डर लगता है। यहां जुआ खेलने के अनुभव ने एक व्यक्ति को सिखाया कि जुआ खेलना बुरी बात है। इस प्रकार उसका

Dipak DAS

व्यक्तिगत अहं इस अनुभव से प्रभावित हुआ। भविष्य में वह अपने इस अनुभव के कारण ऐसे कार्यों के प्रति विशेष तौर पर सावधान रहेगा। यदि वह व्यक्ति किसी प्रभाववश भविष्य में फिर से जुआ खेलता भी है तो पुनः हारने या जीतने की स्थिति में वह उसके लिए एक अलग अनुभव होगा जो उसके अहं पर अपना अलग प्रभाव छोड़गा। निश्चित रूप से 'अहं' पर प्रत्येक अनुभव का गहरा प्रभाव पड़ता है।

इच्छाशक्ति की भूमिका

किसी व्यक्ति के अहं को प्रभावित करने वाला तीसरा और सर्वाधिक महत्त्वपूर्ण कारण उसकी इच्छाशक्ति है। वैचारिक ऊर्जा मन रूपी पदार्थ के माध्यम से कार्य करती है। इसकी एक अद्‌भूत विशेषता है कि यह वैचारिक ऊर्जा स्वयं को बहुत ही बेहतरीन ढंग से नियंत्रित करना जानती है। अपनी इस विशिष्ठता के कारण वैयक्तिक अहं (संबंधित व्यक्ति) वह सब करने में सक्षम है जिसे करने का वह निर्णय लेता है।

इच्छाशक्ति पर भी परिवर्तनशीलता का सिद्धांत लागू होता है। कभी किसी कार्य को लेकर हमारी इच्छाशक्ति काफी प्रबल होती है, कभी कम और कभी बहुत ही कम होती है। यह इच्छाशक्ति जैसी भी हो वैयक्तिगत अहं इससे अवश्य प्रभावित होता है।

इस प्रकार स्पष्ट है कि अहं अत्यंत परिवर्तनशील संकल्पना है, क्योंकि यह उन घटकों पर निर्भर करता है जो अत्यंत भिन्न प्रकृति के हैं और साथ ही कभी स्थिर नहीं रहते। परन्तु इसके बावजूद इस वास्तविकता को अनदेखा नहीं किया जा सकता कि अहं रूपी भावना या विचार सदा चेतना के माध्यम से ही उत्पन्न होता है और इससे ही कार्य संपन्न करता है।

निवेश एवं निर्गत

अहं के संबंध में एक और महत्वपूर्ण पहलू है जिसका यहां उल्लेख करना अति आवश्यक है। अन्य गतिशील इकाइयों की भांति अहं को भी अपने अस्तित्व को बनाए रखने के लिए एक तरह के भोजन की आवश्यकता होती है। अहं के पोषण के लिए एक प्रकार के निवेश की आवश्यकता होती है जिसके परिणामस्वरूप यह एक प्रकार के निर्गत को निष्कासित करता है। जिस प्रकार

किसी मनुष्य को जीवित रहने के लिए भोजन की आवश्यकता होती और भोजन ग्रहण करने के बाद वह एक प्रक्रिया के अंतर्गत उस भोजन के अवशेष को मल रूप में बाहर निकालता है, ठीक उसी प्रकार अहं को भी भोजन या निवेश की आवश्यकता होती है। परिणामस्वरूप यह अवशेष रूप में निर्गत को बाहर निकालता है। लेकिन प्रश्न यह उठता है कि अहं को निवेश के लिए किस चीज की आवश्यकता होती है और इसके परिणामस्वरूप क्या-कुछ उत्पन्न होकर बाहर निकलता है? अहं एक भावना मात्र है और इसे अपने अस्तित्व को बनाए रखने के लिए निवेश के रूप में विचारों की आवश्यकता होती है इसलिए यह निर्गत रूप में विचारों को ही निष्कासित करता है। अहं विचारों पर जीवित रहता है और विचारों को ही जन्म देता है।

यहां सबसे अधिक महत्वपूर्ण और ध्यान देने योग्य बात यह है कि यदि हमें अच्छा उत्पादन चाहिए तो निवेश भी उसी कोटि का करना होगा। घटिया निवेश से श्रेष्ठ उत्पादन कभी नहीं मिल सकता। अहं के निवेश और निर्गत पर भी यही नियम लागू होते हैं। अच्छे विचारों से ही अच्छे विचार पनपते हैं और बुरे विचारों से बुरे विचार। झूठी आत्मप्रशंसा और चापलूसी पर निर्भर करने वाला वैयक्तिक अहं निश्चित ही कुंठा को जन्म देगा, पर यदि कोई व्यक्ति जीवन की वास्तविकता पर आधारित आत्मबोध को अपना आधार बनाता है तो वह संतोषपूर्ण जीवन का आनन्द लेता है।

उचित स्वरूप

अत्यधिक और आडम्बरपूर्ण अहं को बहुत अधिक उपभोग की आवश्यकता होती है और परिणामत: यह उतना ही अधिक उत्पादन भी करता है। इसलिए यदि किसी व्यक्ति में अत्यधिक अहं है तो निश्चित ही उसका अन्य लोगों के साथ वैर-द्वेष शुरू हो जाएगा। वह अपने अहं को संतुष्ट करने के लिए उन उपलब्धियों के श्रेय पर अपना दावा करेगा जो दूसरों के कठोर परिश्रम से हांसिल हुई हैं और जिन्हें प्राप्त करने में उसका अपना कोई योगदान नहीं है। साथ ही वह व्यक्ति किसी भी असफल कार्य के उत्तरदायित्व से साफ इंकार कर देता है।

जैसा कि हम सभी जानते हैं अपनी भिन्न पहचान के प्रति चेतना अहं है। इसके संबंध में वास्तविक चुनौती इसे उचित आकार और स्वरूप देने में आती है। कुंठित अहं ग्लानि, द्वेष और महत्वहीनता को जन्म देता है, जबकि

अत्यधिक और आडम्बरपूर्ण अहं वास्तविकता से दूर ले जाता है और हमारे भीतर विसंगतियों को जन्म देता है। यदि हमें अहं को उचित आकार देना है तो हमें जीवन के प्रति उचित दृष्टिकोण अपनाना होगा। इसके अतिरिक्त अपने अहं को उचित स्वरूप व आकार देने का और कोई तरीका नहीं है।

अहं और अभिमान

प्राय: हम अज्ञानवश अहं और अभिमान को एक-दूसरे का पर्याय मान लेते हैं, लेकिन यह गलत है। अहं और अभिमान के बीच व्यापक अंतर है। इस अंतर को समझना अति आवश्यक है तभी हम इन दोनों के वास्तविक अर्थ को समझ पाएंगे और केवल तभी अहं की अवधारणा हमें पूर्ण रूप से स्पष्ट हो पाएगी। जहां एक ओर अहं का संबंध अपने स्वयं के विषय में चेतना और अपनी अलग पहचान से है, वहीं दूसरी ओर अभिमान या गर्व का संबंध व्यक्तिगत योग्यता और प्रतिष्ठा की अनुभूति से है। अहं की भावना के अन्तर्गत हम अपने विषय में यह जानने का प्रयास करते हैं कि 'मैं क्या हूं', जबकि अभिमान हमें इस प्रश्न का बोध कराता है कि 'मैं कैसा हूं'।

अपने आप पर अभिमान करना गलत नहीं है। यह कोई अवांछनीय गुण नहीं है। वस्तुत: व्यक्तिगत विकास के लिए अभिमान करना अत्यावश्यक है। किसी भी व्यक्ति को अभिमान करने का अधिकार केवल तभी प्राप्त होता है जब उसने कुछ उपलब्धियां प्राप्त कर ली हों। ये उपलब्धियां उसकी योग्यता और प्रतिष्ठा की कसौटी हैं। अपने आप पर तथा अपनी उपलब्धियों और क्षमताओं पर अभिमान करना केवल तभी दोषपूर्ण बनता है जब इसके प्रभाव में हम दूसरों को घृणा और उपेक्षा की दृष्टि से देखने लगते हैं।

हर असफलता के भीतर सफलता के बीज छुपे
होते हैं जिन्हें खोजने की आवश्यकता है।
हर सफलता के भीतर असफलता के बीज छुपे होते
हैं जिन्हें प्रारंभ में ही नष्ट करने की आवश्यता है।
हर सफलता अतीत के प्रयासों का परिणाम है,
जबकि हर असफलता हमें भावी सुधार
का अवसर प्रदान करती है।

अध्याय तीन

अहं को नियंत्रित करना

अपने अहं को नियंत्रित करने से तात्पर्य है–स्वयं अपने आप पर नियंत्रण करना। शब्दकोश में 'नियंत्रण करने' के अनेक पर्याय हैं जैसे वश में करना, व्यवस्थित करना या फिर संचालित करना। नियंत्रित करने का अर्थ अधीन, दमन या पराजित करना आदि कदापि नहीं है। इसका अर्थ तुष्टिकरण से भी नहीं है। वास्तव में अहं को नियंत्रित करने को अर्थ है अपनी सोच और कार्यों को इस प्रकार दिशा देना कि उनसे हमारे व्यक्तिगत और सामाजिक हित एक साथ एक ही समय पर पूरे हो सकें। यह समझना अति आवश्यक है कि किसी व्यक्ति के हितों का सदा सामाजिक हितों के साथ टकराव की स्थिति में होना अनिवार्य नहीं है। व्यक्तिगत हितों और सामाजिक हितों के बीच टकराव की स्थिति यदाकदा ही उत्पन्न होती है। सत्य तो यह है कि व्यक्तिगत हित और सामाजिक हित प्रायः एक दूसरे के पूरक होते हैं।

आत्म और अहं

किसी भी चीज को नियंत्रित करने हेतु सर्वप्रथम उसके विषय में पूरी जानकारी प्राप्त करना अति आवश्यक है। अहं को नियंत्रित करने से पूर्व न केवल हमें इसकी संकल्पना को भली–भांति समझना होगा अपितु साथ ही साथ आत्म की संकल्पना को भी सूक्ष्मता से जानना होगा क्योंकि अहं आत्म की छवि है। किसी व्यक्ति का आत्म उस सर्वव्यापी सत्ता या वास्तविकता का ही एक रूप है जिसे हम पूर्ण चेतना कहते हैं। यह सर्वव्यापी चेतना अंश रूप में हम सभी के भीतर विद्यमान है। अपनी सुविधानुसार हमने इस सर्वव्यापी चेतना को ईश्वर का नाम दिया है। प्रायः कहा जाता है कि ईश्वर सर्वव्यापी है और यह हम सब

के भीतर व्यापत है। इससे हमारा सीधा संकेत सर्वव्यापी चेतना की ओर होता है जो सर्वत्र विद्यमान है और समस्त सृष्टि इसी का परिणाम है।

इस सृष्टि में विद्यमान कुछ पदार्थों और जीवों में चेतना न के बराबर होती है; कुछ में इसका स्तर न्यूनतम और कुछ में पर्याप्त होता है। वास्तव में चेतना का होना, न होना, कम होना या अधिक होना इन जीवों के अपने साधन अर्थात् शरीर व मन के संगठित संरचना की क्षमता पर निर्भर करता है क्योंकि शरीर और मन रूपी साधन ही चेतना को ग्रहण करता है और उसके साथ पारस्परिक संबंध भी बनाता है। इस तथ्य को समझना आवश्यक है कि किसी जीव में चेतना का स्तर संभवत उसके आत्मज्ञान या आत्मबोध को तो प्रभावित कर सकता है लेकिन इससे चेतना के स्वरूप और मूल प्रकृति में कोई अंतर नहीं आता। चेतना उस प्रकाश की तरह है जो सभी जीवों में समान रूप से विद्यमान है लेकिन कुछ जीव इसे कम ग्रहण करते है तो कुछ अधिक। उस कमरे की कल्पना कीजिए जहां प्रकाश सब ओर विद्यमान है, परन्तु कुछ वस्तुएं उस प्रकाश में अधिक चमकती हैं तो कुछ कम। इन वस्तुओं के कम या अधिक चमकने में प्रकाश का कोई दोष नहीं है। वह तो सभी वस्तुओं पर समान रूप से अपनी किरणें बिखेर रहा है। यह उन वस्तुओं की अपनी क्षमता है कि वे उस प्रकाश को कितना ग्रहण कर पाती है। इसी प्रकार आत्म का स्वरूप, चाहे उसे हम सजगता कहें या बोध या फिर चेतना, सभी जीवों में एक समान होता है। यह मनुष्य या अन्य जीवों की अपनी क्षमता है कि वह चेतना रूपी प्रकाश को कितना ग्रहण करते हैं। मनुष्य और अन्य जीव अपनी शरीर और मन की संगठित संरचना की क्षमता के अनुरूप ही अपने आत्म का अनुभव करने में सक्षम होते हैं।

आत्म हमारे चेतन होने का वह गुण है जिसके विषय में हम चेतन हैं। आत्म किसी भी जीव की सत्यता है और अहं उसका रूप है। अहं वह छवि है जो शरीर और मन की संगठित संरचना स्वयं के बारे में बनाती है। शरीर और मन के इस संगठित रूप को एक ही समय में स्वयं अपने, अन्य जीवों तथा पदार्थों आदि के विषय में चेतना रहती है।

अहं आत्म की ही छवि है। भले ही इसका स्वरूप आज विकृत हो चुका है लेकिन इसके उपरांत् भी आत्म और अहं के बीच तुलना स्वाभाविक है। आत्म चिरस्थायी है। अपने विशुद्ध या व्यक्त रूप में आत्म सदा से अस्तित्व में था और आगे भी इसी तरह अस्तित्व में रहेगा। इसका अस्तित्व उस समय भी

था जब इस सृष्टि में वैचारिकता की सर्जना नहीं हुई थी। दूसरी ओर अहं क्षणभंगुर है और वैचारिकता से उत्पन्न होता है। अहं आत्म की अभिव्यक्ति है और केवल तब तक अस्तित्व में रहता है जब तक कि शरीर और मन के समष्टि रूप का विकास होता रहता है तथा यह सप्राण रहता है। आत्म निरन्तर बहने वाली एक ऐसी धारा के समान है जिसका न कोई आदि है और न कोई अन्त। वहीं दूसरी ओर अहं बृहत् स्तर पर समय और स्थान की अवधारणा तथा सूक्ष्म स्तर पर शरीर और मन की अवधारणा के अन्तर्गत सीमित है। आत्म अपरिवर्तनशील और सर्वव्यापी यथार्थ को प्रकट करता है, जबकि अहं के द्वारा व्यक्त सत्य अस्थाई होता है। यह सत्य केवल तभी तक अपना अस्तित्व बनाकर रखता है जब तक हमारे शरीर में प्राण हैं। आत्म की प्रकृति है कि इसमें कभी मूलभूत परिवर्तन नहीं आता। यह केवल अपना रूप बदलता है, जबकि अहं अतिपरिवर्तनशील संकल्पना है। निरन्तर परिवर्तन इसकी प्रकृति है। आत्म को वश में करना असंभव है, परन्तु अहं को कठिन, निःस्वार्थ काम और दृढ़ इच्छाशक्ति से नियंत्रित किया जा सकता है।

मूलभूत विशिष्टताएं

क्या किसी अवस्था में अहं आत्म का स्थान ग्रहण कर सकता है? इस प्रश्न का संतोषप्रद उत्तर पाने के लिए हमें आत्म और अहं के आन्तरिक गुणों और मूलभूत विशिष्टताओं को आत्मसात करना होगा और उनकी तुलना भी करनी होगी। कोई भी व्यक्ति अर्थात् उसका व्यक्तिगत अहं दुःखी मन के साथ आरामदायक महसूस नहीं कर सकता। इस संसार में हर व्यक्ति सदा प्रसन्न रहना चाहता है। साथ ही वह सुदृढ़ बनने, स्वस्थ रहने तथा शांति प्राप्त करने की इच्छा भी रखता है। इस आधार पर यह निष्कर्ष प्राप्त होता है कि सुख, शांति, शारीरिक–मानसिक सुदृढ़ता और अच्छा स्वास्थ्य–ये सभी अहं के स्वाभाविक गुण व विशिष्टताएं हैं। साथ ही दया और करूणा भी अहं के उन अन्य गुणों में सम्मिलित हैं जो किसी व्यक्ति के अहं की अभ्यांतरिक रचना करते है। इसका अर्थ यह कदापि नहीं है कि हर व्यक्ति जीवन में सदा सुख, शांति, सुदृढ़ता और अच्छे स्वास्थ्य जैसी स्थितियों को प्राप्त कर लेता है। पर यह भी ठोस सत्य है कि इस संसार में प्रत्येक व्यक्ति उदासी, कमजोरी, कष्टों आदि से दूर भागता है तथा सुख, शांति, अच्छे स्वास्थ्य आदि की कामना करता

है। जीवन का यह सत्य इस तथ्य की ओर संकेत करता है कि जीवन के नाकारात्मक पक्ष मनुष्य की वास्तविक प्रकृति के अनुकूल नहीं हैं इसलिए ये अहं के विशुद्ध रूप के लिए बाह्य हैं।

कोई व्यक्ति अपने जीवन में जितना अधिक से अधिक आनन्द, शांति, सुदृढ़ता आदि का अनुभव करता है उतना ही वह अपने आत्म की सच्ची छवि को प्रकट करता है। वस्तुतः जब कोई व्यक्ति यह अनुभव करे कि उसका जीवन खुशी, शांति, सुदृढ़ता, अच्छा स्वास्थ्य, दया और करूणा के अतिरिक्त ओर कुछ नहीं है तो उसके आत्म की सच्ची छवि स्वमेव प्रकट होती है। यही वह अवस्था है जब अहं आत्म में लीन हो जाता है। इस अवस्था में मनुष्य भौतिक और आध्यात्मिक दोनों प्रकार से अत्यंत संतुष्ट जीवन का आनन्द लेता है।

अब प्रश्न उठता है कि हम इस सत्य का अनुभव किस प्रकार कर सकते हैं। किस प्रकार हमारा अहं हमारे आत्म में लीन हो सकता है और हम कैसे अपने आत्म को आधार बनाकर जीवन-पथ पर अग्रसर हो सकते हैं ताकि व्यक्तिगत और सामाजिक दोनों स्तरों पर श्रेष्ठ जीवन जी सकें। किसी भी अनुभव के लिए सबसे पहली आवश्यकता संबंधित विषय की जानकारी प्राप्त करना है। वास्तविकता का केवल सैद्धांतिक ज्ञान इसके अनुभव के लिए अपर्याप्त है, क्योंकि ज्ञान केवल चेतन मन को प्रभावित कर सकता है जबकि हमारे मन का बड़ा हिस्सा अवचेतन है। हमारे विचार और कार्य हमारे अपने अनुभवों से प्रेरित होते हैं और अनुभव सदा अवचेतन मन में ही संगहित रहते हैं।

फिर किस प्रकार सत्य का ज्ञान चेतन और अवचेतन मन को पृथक करने वाले अज्ञानता रूपी आवरण को भेद सकता है? किस प्रकार हम इस सत्य के ज्ञान को अवचेतन मन में प्रेषित कर सकते हैं? इसे जानने के लिए चेतन और अवचेतन मन के बीच तुलनात्मक अध्ययन करना होगा। लेकिन इससे पहले शरीर और मन की सम्पूर्ण प्रकृति को समझना अत्यावश्यक है क्योंकि दोनों की संगठित संरचना रूपी साधन ही वह माध्यम है जिसपर चेतन और अवचेतन मन का अस्तित्व आधारित है। इस साधन के अभाव में चेतन और अवचेतन मन के साथ-साथ अहं की कल्पना करना भी असंभव है।

शरीर और मन का प्रकृति

शरीर अंतिम उत्पाद नहीं है। यदि ऐसा होता तो एक निश्चित समय पर इसका विकास और ह्रास रूक जाता। शरीर में निरंतर आंतरिक विकास की प्रक्रिया चलती रहती है। शरीर रूपी पदार्थ की रचना करने वाले परमाणु कभी एक समान नहीं रहते। हर क्षण उनमें परिवर्तन का क्रम चलता रहता है। यदि सभी नहीं तो कुछ परमाणु तो क्षण-प्रतिक्षण अवश्य ही परिवर्तित हो जाते हैं। इस प्रकार शरीर रूपी पदार्थ में निरंतर आंतरिक विकास की प्रक्रिया चलती रहती है। हर क्षण अपना रूप-आकार बदलने वाले परमाणु इस प्रकार संगठित रहते हैं कि संबंधित व्यक्ति को ये इस सृष्टि में एक भिन्न जैविक इकाई होने का अहसास कराते हैं। मनुष्य का शरीर हो या किसी अन्य जीव का, इसे उत्पाद कहना अनुचित होगा। शरीर उत्पाद नहीं अपितु एक प्रक्रिया है। दूसरी ओर मानव-मन वैचारिकता और चेतना के ऊर्जा रूपी सागर में कभी समाप्त न होने वाली विचार तरंगों की निरंतरता है। ऊर्जा के ये दोनों रूप शरीर रूपी पदार्थ के सूक्ष्म और अतिसूक्ष्य हिस्सों के साथ क्रमबद्ध रूप में पारस्परिक क्रिया करते रहते हैं। इसी प्रकार मानव मन के दोनों भाग चेतन और अवचेतन मन परस्पर एक-दूसरे तथा शरीर के साथ निरंतर पारस्परिक क्रिया करते रहते हैं। किसी शरीर में वैचारिकता और चेतना की प्रक्रिया केवल तभी तक चलती रहती है जब तक कि वह शरीर जीवित है।

चेतन और अवचेतन मन

प्रश्न है कि चेतन और अवचेतन मन में किस प्रकार की समानताएं और असमानताएं हैं? चेतन मन का संबंध उन विचारों से है जिनके प्रति हम अपने वर्तमान में सचेत होते हैं। चेतन मन विचार-तरंगों की निरन्तर प्रवाहमान वह धारा है जिसका हमें इस क्षण बोध है। अवचेतन मन उन अनुभवों और अनुभवों के प्रभावों का कुल संग्रह है जिनमें से हम जीवनपर्यंत गुजरते हैं।

गर्भकाल से मृत्यु तक मनुष्य अनुभवों को संचित करता रहता है। लेकिन अनुभवों के प्रभावों से क्या तात्पर्य है?

हम विभिन्न घटनाओं की अंतहीन शृंखला के रूप में भी जीवन की व्याख्या कर सकते हैं—एक ऐसी शृंखला जिसमें सभी जड़ और चेतन जीव, पदार्थ और वस्तुएं आदि अपनी भूमिका निभाते हैं। घटनाओं की यह शृंखला

क्या है? इस संसार में निरंतर कुछ न कुछ घटित हो रहा है। सृष्टि की रचना से लेकर अब तक घटनाओं का क्रम निरंतर चल रहा है जिसे अंतहीन शृंखला कहा गया है।

जैविक और अजैविक पदार्थ इस शृंखला में भाग तो लेते हैं पर उनमें वह योग्यता नहीं होती जो उन्हें इस शृंखला में अपनी भागीदारी का अहसास करा सके। वहीं दूसरी ओर मानव को छोड़कर अन्य जीवों को घटनाओं की इस शृंखला में अपनी भागीदारी का अहसास बहुत कम या न के बराबर होता है। इस सृष्टि में मनुष्य ही एकमात्र ऐसा प्राणी है जिसे न केवल घटनाओं की इस शृंखला में अपनी भागीदारी का एहसास है अपितु वह स्वयं को इन घटनाओं का कर्त्ता भी मानता है। घटनाओं के घटित होने के पीछे अपना एक तर्क होता है, क्योंकि सभी घटनाएं उन कार्यों का परिणाम है जो जैविक और अजैविक पदार्थों द्वारा किए जाते हैं। इस संदर्भ में किसी कार्य को न करने का निर्णय लेना भी एक तरह का कार्य ही है। कोई भी जीव किसी निश्चित समय और स्थान पर घटनाओं के घटने या न घटने को प्रभावित कर सकता है चाहे वह वहां विद्यमान हो या नहीं।

प्रत्येक पदार्थ घटनाओं की निरंतर जारी शृंखला में हिस्सा लेता है तथा साथ ही वह अपनी क्रियाओं से इस शृंखला को प्रभावित भी करता है। ध्यान देने योग्य बात है कि चेतना के माध्यम से कार्य करने वाले प्राणी ही इन घटनाओं में से कुछ को स्पष्ट अनुभव करने में सक्षम होते हैं क्योंकि मनुष्य को स्वयं अपने विषय में तथा साथ ही इन घटनाओं के संबंध में पूर्ण बोध होता है अतः वह इनमें से कुछ घटनाओं के साथ स्वयं को जोड़कर देखने का प्रयास करता है। वह घटनाओं कीशृंखला में स्वयं को केवल एक सहभागी के रूप में ही नहीं देखता अपितु स्वयं को इन घटनाओं का जनक भी मानता है। इस प्रकार वह किसी घटना विशेष के प्रति अपनी पसंद या नापंसद भी निश्चित कर लेता है। यह पंसद या नापसंद इस बात पर निर्भर करती है कि उस घटना के होने से उसे कैसा अनुभव हुआ। यदि किसी घटना से उसे आनन्द, सुख और लाभ मिलता है तो वह उसे पसंद करेगा और यदि उसे किसी घटना से कष्ट और क्षति होती है तो वह उसे नापंसद करेगा।

घटनाओं के प्रति अपनी पसंद और नापसंद के आधार पर ही मनुष्य इनसे संबंधित वस्तुओं, व्यक्तियों आदि को भी पसंद और नापंसद करना आरंभ कर देता है। इतना ही नहीं, वह अपनी पसंद और नापसंद के अनुसार इन घटनाओं

को मोड़ने का प्रयत्न भी करता है ताकि जैसा वह चाहता है उसे वैसे ही परिणाम मिलें। कभी इस कार्य में वह सफल होता है तो कभी असफल। यह आवश्यक नहीं कि सदा सफलता ही हाथ लगे, ऐसा इसलिए है क्योंकि कोई भी घटना अनेक घटनाओं की एक लम्बीश्रृंखला का भाग होती है और उस घटना के घटित होने के क्रम में मनुष्य की भूमिका केवल एक भागीदार की होती है। उस घटना में मनुष्य के अतिरिक्त अनेक अन्य शक्तियां भी समान रूप से अपना खेल खेल रही होती हैं। उन शक्तियों की गतिविधियों पर भी इंसान की सफलता या असफलता निर्भर करती है। ये शक्तियां उन कार्यों से उत्पन्न होती हैं जो संबंधित व्यक्ति तथा अन्य जैविक और अजैविक इकाइयों द्वारा किये जाते हैं, या फिर नहीं किए जाते हैं। मनुष्य किसी घटना के होने में स्वयं को एक भागीदार मात्र मानने की अपेक्षा अपने आपको घटनाओं का जन्मदाता मानता है इसलिए वह इन घटनाओं के परिणाम स्वरूप मिली सफलताओं और असफलताओं के लिए स्वयं को उत्तरदायी भी समझने लगता है। अपनी इस गलत धारणा और दृष्टिकोण के परिणामस्वरूप उसे सुख-दुःख, आनन्द-अपराधबोध या फिर संतोष-असंतोष की अनुभूति होती है। इस प्रकार प्रत्येक घटना में व्यक्तिविशेष की भागीदारी संबंधित व्यक्ति के मन में कोई न कोई अनुभूति अवश्य उत्पन्न करती है।

चेतन और अवचेतन मन के संबंध में प्रस्तुत किया गया विवरण वस्तुतः मन के स्वरूप पर प्रकाश डालता है। जहां एक ओर चेतन मन का संबंध वर्तमान में हमारे मन में उत्पन्न विचारों की प्रक्रिया से है वहीं अवचेतन मन जीवन में ग्रहण किये गए अनुभवों और तत्संबंधित अनुभूतियों का संग्रह है। अवचेतन मन मस्तिष्क में एक ऐसे रिकार्डिंग रूम की भांति है जहां न केवल उन घटनाओं को रिकार्ड किया गया है जिनका अनुभव हम अतीत में कर चुके है बल्कि उन घटनाओं से जुड़ी अनुभूतियां भी यहां रिकार्ड रहती हैं। निस्संदेह अनुभवों के साथ अनुभूतियां भी जुड़ी होती हैं जो हमारी वर्तमान विचार प्रक्रिया को प्रबलता के साथ प्रभावित करती हैं। इन अनुभूतियों की तीव्रता को हम एक सीमा तक कम कर सकते हैं, लेकिन इसके लिए हमें अनुभवों को ग्रहण करते हुए घटनाओं के आन्तरिक स्वरूप के प्रति सचेत रहना होगा।

क्या किसी और तरह भी चेतन और अवचेतन मन की तुलना की जा सकती है? वास्तव में चेतन मन संपूर्ण मन का एक छोटा सा हिस्सा है जबकि हमारे मन का एक बड़ा हिस्सा अवचेतन मन का है। मन का यह बड़ा भाग

अर्थात् अवचेतन मन मनुष्य की उम्र बढ़ने के साथ-साथ निरंतर बढ़ता रहता है क्योंकि आयु बढ़ने के साथ-साथ मनुष्य के अनुभव और उनसे जुड़ी अनुभूतियां भी बढ़ती जाती हैं। मनुष्य का चेतन मन विवेक और तर्क के द्वारा संचालित होता है और यह स्तर मनुष्य की बुद्धिमत्ता और ज्ञान पर निर्भर करता है। इस प्रकार चेतन मन का संबंध किसी व्यक्ति की बुद्धि और ज्ञान से है। साथ ही अतीत के अनुभवों और उनसे संबंधित अनुभूतियों से उत्पन्न विचार और संवेदनाएं बड़े ही अव्यवस्थित रूप में हमारे अवचेतन मन में विद्यमान रहती हैं। इन्हें अव्यवस्थित इसलिए कहा गया हैं क्योंकि ये कभी और किसी भी समय हमारे मन में उभर आती हैं। कभी-कभी वर्षों पुरानी कोई याद अकस्मात हमारे मन को विचलित कर देती है और कभी-कभी कुछ समय पहले का अनुभव भी हमें याद नहीं रहता। इसलिए हमारे अनुभव और उनसे जुड़ी अनुभूतियां किसी व्यवस्था में बंधी हुई नहीं हैं।

वास्तव में हमारा अवचेतन मन अव्यवस्थित अनुभवों और उनकी अनुभूतियों का संग्रह है। चेतन मन तर्क और विवेक के माध्यम से संचालित होता है इसलिए यह सदा अनुशासन और एक निश्चित व्यवस्था के अन्तर्गत कार्य करता है। अवचेतन मन को न तो नियंत्रित किया जा सकता है और न ही व्यवस्थित। प्राय: हमारा अवचेतन मन हमारे चेतन मन को प्रभावित कर उसकी कार्यप्रणाली में हस्तक्षेप करता रहता है।

आइए इसे गहनता से समझने का प्रयास करते हैं। मनुष्य शरीर और मन रूपी साधन के द्वारा चेतना के माध्यम से जीवन के रसों का आनन्द लेता है। यदि मनुष्य का शरीर, मन और चेतना तीनों शांतिपूर्वक और तालमेल के साथ कार्य करते हैं तो जीवन में आनन्द ही आनन्द है। इन तीनों में से चेतना एक चिरस्थायी तत्व है, यह हर कहीं समान रूप में विद्यमान रहती है। मन एक अत्यंत गतिशील संकल्पना है और जहां तक बात शरीर की है तो यह करोड़ों वर्षों से चलती आ रही सतत् विकास की प्रक्रिया का परिणाम है। शरीर की यह स्वाभाविक प्रकृति है कि यदि इसके साथ किसी तरह का दुर्व्यहार न किया जाए तो हर परिस्थितियों में यह अपने आपको स्वस्थ रख सकता है। यहां एक बात ध्यान रखने योग्य है कि बिना स्वस्थ शरीर के किसी भी तरह के सुख, शांति और आनन्द की कल्पना नहीं की जा सकती। मनुष्य तभी सुख भोग सकता है जब उसका शरीर स्वस्थ हो। मनुष्य के व्यक्तित्व को निर्धारित करने वाले तीनों अंगों में से मन को नियंत्रित करना सर्वाधिक कठिन है क्योंकि यह

Dipak Das

निरंतर गतिशील बना रहता है। अब प्रश्न उठता है कि मन को कैसे नियंत्रित करें। हमारा मन दो भागों में विभाजित है। चेतन मन तर्क और विवेक के द्वारा संचालित होता है इसलिए इसे नियंत्रित करना कठिन नहीं है। अवचेतन मन को भी आगे दो हिस्सों में बांटा जा सकता है–पहला हमारे अनुभव और दूसरा उन अनुभवों की अनुभूतियां। अतीत के अनुभव वर्तमान परिस्थितियों का विश्लेषण करने और उचित निर्णय लेने में हमारी सहायता करते हैं। इस प्रकार जीवन में यह अनुभव साकारात्मक भूमिका निभाते हैं। अनुभवों से उत्पन्न अनुभूतियों को नियंत्रित करना काफी कठिन है। पर इन्हें भी नियंत्रित किया जा सकता है।

अनुभवों के प्रभाव

मन का अवचेतन भाग तर्क या विवेक के अधीन नहीं होता, इसीलिए इसे नियन्त्रित करना अत्यंत कठिन है। पहले भी कहा गया है कि अनुभवों के प्रभाव घटनाओं के घटित होने में हमारी अपनी भूमिका के प्रति हमारे गलत दृष्टिकोण का परिणाम हैं। जब कोई घटना हमें अर्थात् हमारे शरीर और मन की संगठित संरचना को सुख और आराम पहुंचानी है तो हम उस घटनाविशेष को पसंद करने लगते हैं। प्रायः यह जाने बिना ही कि घटनाओं की अंतहीन श्रृंखला में यह घटना एक कड़ी मात्र है और इस घटना में हमारी भूमिका केवल एक भागीदार की है तथा हमारे अतिरिक्त भी अनेक ज्ञात-अज्ञात शक्तियां उस घटना में समान रूप से भागीदारी निभा रही हैं, हम उस घटना के घटित होने और तत्पश्चात् प्राप्त परिणामों का सारा श्रेय स्वयं को देते हैं। इस प्रकार हम आत्म-संतोष की भावना का अनुभव तो करते हैं लेकिन यह भावना बहुत कम समय तक रहती है और बाद में यह डर की अनुभूति में परिवर्तित हो जाती है। ऐसा इस कारण होता है क्योंकि जिस घटना ने हमें सुख पहुंचाया है हम उसे पसंद करते हैं और यह डर हमें निरंतर परेशान करता है कि क्या भविष्य में होने वाली घटनाएं भी हमें समान रूप से सुख प्रदान करेंगी या नहीं। जिस प्रकार सुख और आराम प्रदान करने वाली घटना संतोष की अनुभूति कराती है उसी प्रकार दुःख और कष्ट देने वाली घटना के परिणामस्वरूप हमारे अन्दर असंतोष उत्पन्न होता है। असंतोष की यह अनुभूति अपराधबोध को जन्म देती है क्योंकि हम सोचते हैं कि केवल हमारी गलती के कारण ही हमें इच्छित परिणाम नहीं मिले।

वस्तुतः संतोष की अनुभूति से उत्पन्न भय तथा असंतोष की अनुभूति से उत्पन्न अपराधबोध ही वे प्रभाव है जिन्हें हम मूलभूत अनुभूतियां कह सकते

हैं। ये अनुभूतियां समय-समय पर अवचेतन मन में उत्पन्न होती रहती हैं। परिस्थितियों के अनुरूप ये अनुभूतियां ही ईर्ष्या, लालच, क्रोध आदि भिन्न-भिन्न प्रकार के मनोभावों और संवेदनाओं के रूप में स्वयं को प्रकट करती हैं। हमारे भीतर जितने भी मनोभाव प्रकट होते हैं वे सभी इन दोनों अनुभूतियों के ही भिन्न रूप होते हैं। इन सभी तरह की अनुभूतियों और मनोभावों को ही अनुभवों के प्रभाव कहते हैं।

हमारे मन में जहां एक ओर चेतन मन आधारित तर्क तथा अवचेतन मन में एकत्रित अनुभवों के बीच पारस्परिक क्रिया निरंतर चलती रहती है, वहीं दूसरी ओर उनके प्रभावों के बीच भी आपसी क्रिया चलती रहती है। प्राय: अनुभवों के प्रभाव इतने प्रबल होते है कि इनके सामने तर्क टिक नहीं पाता। अनुभवों से प्राप्त अनुभूतियों के प्रभावों की प्रबलता के कारण ही सब कुछ जानते हुए भी हम स्वयं को उलझनों में घिरा पाते हैं। निस्संदेह अनुभवों के परिणामस्वरूप उत्पन्न सभी अनुभूतियां इतनी प्रभावी नहीं होतीं, परन्तु इसमें भी कोई संदेह नहीं कि प्रत्येक अनुभूति अपनी क्षमता के अनुसार चेतन मन में चल रहे विचारों को अवश्य प्रभावित करती है। परिणामस्वरूप जीवनभर हम कष्ट, दु:खों और परेशानियों में घिरे रहते हैं।

जब हम अपने अहं अर्थात् अपने स्वयं को नियंत्रित करने का प्रयास करते हैं तो हमारे सामने सबसे बड़ी चुनौती इन अनुभूतियों को नियंत्रित करने की ही होती है। ऐसा करने के पश्चात ही हम अपने सच्चे आत्म को पहचानने में सक्षम हो सकते हैं।

अनुभवों के प्रभावों को नियंत्रित करना

कोई व्यक्ति किस प्रकार अपने भीतर संपूर्णता का अनुभव कर सकता है? वास्तव में इसका कोई एक तरीका नहीं है। इस संसार में जितने मनुष्य हैं उतने ही इसके ढंग हो सकते हैं, क्योंकि हर व्यक्ति अपने ढंग से जीवन की वास्तविकता को खोजने का प्रयास करता है। कोई भी वह उपाय जो अनुभवों के प्रभावों या उनसे उत्पन्न अनुभूतियों के संग्रह को कम करता है, इन्हें निष्प्रभाव करने में सहायता देता है तथा व्यक्तिगत स्तर पर यह बोध कराता है कि 'मेरा जीवन खुशी, सुदृढ़ता, शांति और करूणा के अतिरिक्त और कुछ नहीं है', वास्तव में वही उचित तरीका है। ध्यान, निस्स्वार्थ कार्य, प्रकृति की

शक्तियों के सम्मुख पूर्ण समर्पण आदि विभिन्न तरीकों से इस वास्तविकता का ज्ञान हमारे अवचेतन मन वाले हिस्से में प्रवेश पा सकता है। कोई भी माध्यम एकमात्र उपाय नहीं है। ये सभी माध्यम सम्पूर्णता का अनुभव कराने की दिशा में एक-दूसरे के पूरक हैं।

ध्यान क्या है...

हर पल कोई न कोई विचार हमारे मन में चलता रहता है। प्रत्येक विचार निरंतर जारी विचारों की श्रृंखला की एक कड़ी है। ध्यान वह प्रक्रिया है जो मन में निरन्तर चलने वाली विचारों कीश्रृंखला के प्रति हमें सजग बनाती है। इतना ही नहीं, ध्यान के माध्यम से हम अपने और अन्य लोगों के द्वारा किए गए कार्यों तथा उनके परिणामों के प्रति भी सजग बनते हैं। भिन्न-भिन्न विधियों के द्वारा मनुष्य सजगता के इस स्तर को प्राप्त कर सकता है। ध्यान के लिए आवश्यक नहीं कि चौकड़ी लगाकर एक खास मुद्रा में ही बैठा जाए या फिर मंत्रों आदि का उच्चारण किया जाए। ध्यान की संकल्पना को भली-भांति समझने के लिए सबसे पहले हमें इस बात को भली-भांतिं समझना होगा कि हमारे मन में विचारों की एक अनैच्छिक श्रृंखला निरंतर चलती रहती है जिसपर हमारा कोई नियंत्रण नहीं है। विचारों की यह अनैच्छिक श्रृंखला हमारे अतीत के अनुभवों के प्रभावस्वरूप प्राप्त अनुभूतियों से उत्पन्न होती है और उनसे प्रेरणा प्राप्त करती है। चाहे हम कोई काम कर रहें हो या फिर आराम की मुद्रा में हों ये अनैच्छिक विचार हर समय हमें वास्तविकता से भटकाते रहते हैं तथा परेशान करते रहते हैं। ऐसी स्थिति में दृढ़तापूर्वक प्रयोग में लाया गया एक साधारण और साकारात्मक विचार निरंतर भटकाने वाली विचारों की अनैच्छिकश्रृंखला को ऐच्छिक और साकारात्मक विचार प्रक्रिया में परिवर्तित करने में सहायक हो सकता है। साकारात्मक विचार प्रक्रिया के प्रभावस्वरूप जैसा हम सोचते हैं तथा जिस प्रकार किसी काम को करना चाहते है उसे उसी तरह करने में सक्षम होते हैं। यह साकारात्मक विचार प्रक्रिया हमारे द्वारा किए जा रहे काम से पूर्णतः मेल खाती है। अपनी विचार प्रक्रिया को उचित दिशा देने के लिए सबसे पहले आवश्यक है कि हम उसके प्रति सजग बनें और फिर इस बात के लिए स्वयं को प्रेरित करें कि इसे दृढ़ इच्छाशक्ति के द्वारा नियंत्रित किया जा सकता है। साकारात्मक विचार प्रक्रिया सुनियोजित और व्यवस्थित होती है। इसलिए इसके

मार्गदर्शन में जब भी कोई कार्य किया जाता है तो उसमें हमारी कम से कम ऊर्जा का व्यय होता है। इस संरक्षित ऊर्जा का प्रयोग हम अपने जीवन को और अधिक बेहतर तथा श्रेष्ठतर बनाने में कर सकते हैं।

हम कह सकते हैं कि अपने विचारों के प्रति सजग रहना तथा उन्हें अधिक से अधिक व्यवस्थित करने का प्रयत्न करना ही वास्तविक ध्यान है। यह कार्य करने की क्षमता में कई गुणा वृद्धि कर देता है।

निस्स्वार्थ कार्य

निस्स्वार्थ कार्य का अर्थ उद्देश्यहीन, लक्ष्यहीन या योजनारहित कार्य से नहीं है। न ही इसका अर्थ अपने हितों को छोड़कर केवल दूसरों के लिए काम करने से है। और यह अपनी क्षमता से बाहर के किसी काम को करना भी नहीं है। वास्तव में निस्स्वार्थ और समर्पित काम का अर्थ है–पूर्णतः योजनाबद्ध व सम्पन्न कार्य। निस्स्वार्थ कार्य करते हुए हम अपने हितों का ध्यान तो रखते ही हैं साथ ही व्यापक स्तर पर हम समाज के हितों को भी ध्यान में रखते हैं। निस्स्वार्थ भाव से कार्य करते हुए इस वास्तविकता का भी स्पष्ट बोध रहता है कि सम्पन्न कार्य के परिणाम हमारे अतिरिक्त अन्य अनेक घटकों पर भी निर्भर करते हैं। घटनाओं के होने की प्रकृति का सच्चा बोध हमें अपने कार्यों के परिणामों के दुष्प्रभावों से दूर रखता है। इस ज्ञान से हम स्वयं को अपने कार्यों के परिणामों से जोड़कर नहीं देखते। घटनाओं की निरंतर चलने वालीश्रृंखला में हम स्वयं को केवल एक पात्र के रूप में देखने लगते हैं। इस तरह धीरे-धीरे हमें यह अहसास होने लगता है कि 'कोई भी कार्य स्वयं ही सर्वश्रेष्ठ पुरस्कार है।'

पूर्ण समर्पण की भावना को अकर्मण्य होने का बहाना नहीं बनाया जा सकता। यह जीवन जीने का एक ऐसा ढ़ंग है जहां हम अपनी समस्त चिंताओं और भय को ईश्वर पर छोड़कर मुक्त हो जाते हैं और निरंतर ईश्वररूपी स्रोत से नवीनतम ऊर्जा प्राप्त करते रहते हैं। हम इस ज्ञान, विश्वास और दृढ़निश्चय के साथ प्रकृति की शक्तियों के सम्मुख पूरी तरह से आत्मसमर्पण करते है कि प्रकृति कभी भी किसी के साथ भेदभाव नहीं करती।

इस प्रकार की तकनीक किस प्रकार कार्य करती है? जब हम ध्यान करते हैं या परमात्मा के समक्ष पूर्ण रूप से आत्मसमर्पण कर देते हैं या फिर परिणामों की चिंता किए बिना कोई कार्य करते हैं तो इन सभी स्थितियों में हमारा चेतन

मन बहुत शान्त हो जाता है। मन में उत्पन्न यह शांति केवल इस कारण होती है क्योंकि अपने विचारों के प्रति हम सजग होते हैं और अपने कार्यों के परिणामों के प्रति चिंतित या भयातुर नहीं होते। इस क्रम में चेतन मन में निरंतर बनी रहने वाली विचारों की हलचल भी कम हो जाती है। इस प्रक्रिया में चेतन मन में आंशिक या लगभग पूरा रिक्त स्थान बन जाता है। जो चेतन मन में उत्पन्न शांति तथा विचारों की अस्थिरता के कम होने का परिणाम है। प्रकृति किसी भी रिक्तता को सहन नहीं करती, वह शीघ्र ही उसे भरने का प्रयास करती है। चेतन मन के रिक्त स्थान को प्रकृति अवचेतन मन की गहराई में छुपी अनुभूतियों से भरने का प्रयास करती है। अनुभवों के प्रभावस्वरूप हमारे अवचेतन मन में संचित अनुभूतियां अकस्मात चेतना मन के क्षेत्र में मन रूपी धरातल पर प्रकट होने लगती हैं। इस प्रकार ये अनुभूतियां हमारी विचार प्रक्रिया को परोक्ष रूप से प्रभावित करने के स्थान पर सीधे चेतना के क्षेत्र में प्रवेश करती हैं। ऐसी स्थिति में यदि हम इन अनुभूतियों पर कोई प्रतिक्रिया नहीं करते हैं तो ये चेतना की अग्नि में जल कर स्वयं निष्प्रभावित हो जाती हैं।

इस सिद्धांत को लेकर मन में यह प्रश्न उत्पन्न होना स्वभाविक है कि नींद की स्थिति में जब हमारा चेतन मन पूर्णतया शांत होता है तब ये अनुभूतियां चेतन मन में प्रकट होकर निष्प्रभावित क्यों नहीं होती? निस्संदेह यह सत्य है कि नींद की स्थिति में भी हमारे अवचेतन मन में दबी अनुभूतियां मन के धरातल पर आती हैं और सपनों के रूप में ये स्वयं को प्रकट भी करती हैं परन्तु उस स्थिति में इनके निष्प्रभावित होने का प्रश्न ही नहीं उठता क्योंकि तब इन अनुभूतियों को निष्प्रभावित कर सकने की योग्यता रखने वाली साधन रूपी चेतना अनुपस्थित होती है।

दृढ़ इच्छाशक्ति

अनुभवों के प्रभावस्वरूप संचित अनुभूतियों के विरूद्ध संघर्ष में दृढ़ इच्छाशक्ति तर्क के हाथों में एक शक्तिशाली हथियार के समान है। दृढ़ इच्छा-शक्ति को विजय-शक्ति कहना अधिक उचित होगा, जिसे समय-समय पर और अधिक सुदृढ़ किए जाने की आवश्यकता है।

जब ये अनुभूतियां निष्प्रभावित हो जाती है तो तर्क और अनुभव पारस्परिक संतुलन के साथ चेतना के माध्यम से स्वतंत्र होकर कार्य करते हैं। यही वह अवस्था है जब मनुष्य जीवन के सच्चे अर्थ का अनुभव कर सकता है।

अनुभूतियों का निष्प्रभाव होना एक अन्य प्रकार से भी सहायक है। घटनाओं के एक सामान्य क्रम में तर्क और अनुभूतियों के बीच निरन्तर चलने वाले संघर्ष के कारण हमारी मानसिक और शारीरिक ऊर्जा का भी काफी ह्रास होता है। जब ये अनुभूतियां कमजोर पड़कर निष्प्रभावित हो जाती हैं तो हमारी शारीरिक और मानसिक ऊर्जा पर्याप्त मात्रा में सुरक्षित बच जाती है जिसका हम दूसरे कार्यों में प्रयोग कर सकते है। अनुभूतियों को निष्प्रभावित करके हम अपने समय का भी अपेक्षाकृत अच्छा उपयोग कर सकते हैं।

यदि शांत होकर हम अपने समय के सदुपयोग का विश्लेषण करें तो पाएंगे कि हमने अपना अधिकांश समय अतीत पर पश्चाताप और भविष्य की चिंता में ही बिता दिया है। हमारी वृद्धिमान चेतना हमें इस तरह की परिस्थितियों से बचाने में सहायक है। इसके द्वारा हम वर्तमान में जीना सीख सकते हैं और जब हम वर्तमान में जीना सीख लेते हैं तब हम जीवन के हर क्षण को जीने लगते हैं।

लेकिन अनुभूतियों को निष्प्रभावित करना ही पर्याप्त नहीं है। इस बात का भी ध्यान रखना होगा कि कहीं वर्तमान में तो ये अनुभूतियां संगठित और संचित नहीं हो रही हैं। यदि वर्तमान में भी हम अनुभवों के प्रभावों को अपने मन में संचित कर रहे हैं तो ऐसी स्थिति में हमारे समस्त प्रयास निष्फल हो जाएंगे। जीवन के सच्चे स्वरूप को समझ-बूझकर और उसके अनुरूप कार्य करके अनुभूतियों के इस नवीन संचयन को पुनः एकत्रित होने से रोका जा सकता हैं।

एक अबोध बालक के व्यवहार को देख-परख और समझकर मानव व्यवहार में इन अनुभूतियों की भूमिका का मूल्यांकन अधिक अच्छे ढंग से कर सकते हैं। छोटे बच्चों की प्रतिक्रियाएं तत्कालिक, अत्यंत सरल व उत्साहपूर्ण क्यों होती हैं? मात्र इस कारण कि अपने छोटे से जीवन काल में उनके द्वारा ग्रहण किए गए अनुभव और उनसे उत्पन्न अनुभूतियों का संग्रह काफी सीमित होता है। उनकी अनुभूतियों का संग्रह अधिक विशाल नहीं होता इसलिए यह चेतन मन में स्थित तर्क को पराजित नहीं कर पाता। यही कारण है कि एक छोटा बच्चा पुराने अनुभवों और उनसे जुड़ी अनुभूतियों का अधिक उल्लेख किए बिना किसी परिस्थिति पर अपनी प्रतिक्रिया करता है। वास्तव में छोटे बच्चे वर्तमान में रहकर वर्तमान परिस्थिति पर अपनी प्रतिक्रिया प्रकट करते हैं, न कि कोई परिस्थिति कैसी हो सकती थी, कैसी होनी चाहिए थी या कैसी

होगी के संदर्भ में किसी परिस्थिति को देखते हैं। यही कारण है कि जब किसी छोटे बच्चे को कोई कष्ट होता है तो वे अत्यंत पीड़ित होकर रोता है और जब वह हंसना चाहता है तो उन्मुक्त हृदय से खिल-खिलाकर हंसता है।

समाज की भूमिका

मानव मन की प्रणाली को समझने का अति सरल ढंग एक और भी हो सकता है। ऐसा कहा जाता है कि मनुष्य इस संसार में स्वतंत्र जन्मा है; परन्तु इसके उपरांत भी वह हर कहीं बंधनों में आबद्ध है। जन्म से ही मनुष्य पर परिवार, धर्म, राज्य, राष्ट्र, आर्थिक स्थिति आदि के बंधन लागू होते हैं। इन बंधनों के अभाव में मनुष्य के जीवन की कल्पना करना भी कठिन है। वास्तविकता यह है कि प्रायः मनुष्य का जीवन इन बंधनों के द्वारा ही निर्धारित होता है।

किसी न किसी रिश्ते के नाम पर प्रत्येक बंधन मनुष्य के सामाजिक व्यवहार से कुछ अपेक्षाएं रखता है। ये सब बंधन मनुष्य को अनेक अवसरों पर उसके वास्तविक व्यवहार से रोकते हैं। परिणामतः मनुष्य की अनेक इच्छाएं, अभिलाषाएं तथा संवेदनाएं दबकर रह जाती हैं। निस्संदेह किसी इच्छा या अनुभूति को हम दबा तो सकते हैं परन्तु उसे पूरी तरह मन से बाहर नहीं कर सकते। यद्यपि ये दबी हुई इच्छाएं, अभिलाषाएं और नियंत्रित संवेदनाएं बाहर प्रकट नहीं होती तो भी ये हमारे व्यक्तित्व के अनिवार्य और कष्टप्रद भाग का निर्माण अवश्य करती हैं।

जब कोई व्यक्ति शांत और निष्पक्ष होकर आत्मनिरीक्षण का अभ्यास प्रारम्भ करता है और अपनी विचार-प्रक्रिया का विश्लेषण करना सीखता है तब उस वक्त उसके मन की गहराई में छुपी हुई ये अनुभूतियां और संवेदनाएं स्वयंमेव उसके समक्ष आने लगती हैं। इस अवस्था में यदि वह व्यक्ति इनका धैर्यपूर्वक सामना करता है और इनपर कोई प्रतिक्रिया नहीं करता तो इनकी प्रबलता और प्रभाव स्वतः कम होता जाता है। इनसे होने वाले कष्ट की संभावना भी कम हो जाती है। धीरे-धीरे मन से हर प्रकार की विकृतियां दूर हो जाती हैं और मन विशुद्ध हो जाता है। इस अवस्था में मनुष्य के लिए उस मनःस्थिति को प्राप्त कर पाना संभव हो जाता है जहां वह शांति और प्रगति को एक साथ प्राप्त कर सकता है।

मानवीय तन

जिन विषयों पर अब तक गहनतापूर्वक विचार-विमर्श किया जा चुका है उनके अतिरिक्त इस वास्तविकता को भी भली-भांति समझ लेना चाहिए कि 'एक स्वस्थ तन में ही स्वस्थ मन फल-फूल सकता है'। यदि शरीर का कोई हिस्सा कष्ट में है तो ऐसी स्थिति में चेतन मन शांत नहीं रहेगा और वहां उस रिक्त स्थान का बनना कठिन हो जाएगा जहां अनुभूतियां और भावावेग प्रकट हो निष्प्रभाव होते हैं। इस प्रकार इन भावावेगों को स्वत: समाप्त होने का अवसर ही नहीं मिलेगा। जिस प्रकार मन को तन प्रभावित करता है उसी तरह मन भी तन को प्रभावित करता है। स्वस्थ मन शरीर को रोगमुक्त और स्वस्थ रहने में मदद करता है। इतना ही नहीं, एक साधारण, साकारात्मक लेकिन दृढ़ और सतत् विचार समस्त मानवीय प्रणाली को नवीनता प्रदान करने में सहायक सिद्ध हो सकता है। यदि कोई व्यक्ति सच्चाई के साथ अपने मन में यह समझ ले कि उसका सच्चा आत्म और कुछ नहीं बल्कि चेतना है–वह चेतना जिसमें प्रसन्नता, शांति, ताकत, दया और करूणा आदि सभी सम्मिलित हैं–तो निस्संदेह वह व्यक्ति निश्चित समय सीमा के भीतर इस प्रकार की मन:स्थिति का अनुभव कर सकता है। इतना ही नहीं वह कुछ तत्काल परिणामों का अनुभव भी ऐसी स्थिति में अवश्य करता है।

अहं पर नियंत्रण

वस्तुत: जब कोई व्यक्ति अधिक आशाएं रखे बिना किसी कार्य को करता है और साथ ही अनुभवों से प्राप्त भावावेगों और अनुभूतियों को नियन्त्रण में रखता है तो वह अपनी अभिवृद्धित चेतना से स्वयं को अपेक्षाकृत अधिक सुव्यवस्थित कर सकता है। इस तरह वह व्यक्तिगत रूप से संतुष्ट और सामाजिक स्तर पर लाभप्रद जीवन यापन कर सकता है। स्पष्ट शब्दों में कहें तो उस व्यक्ति ने अपने अहं को नियंत्रित कर लिया है।

मृत्यु से भयभीत न हों
क्योंकि यह भी जीवन का ही एक रूप है।
इसके स्थान पर हमें निर्वात की स्थिति से भयभीत होना चाहिए क्योंकि यह ऐसी अवस्था है जिसमें करने को कुछ नहीं होता, यह जीवन को ही पूरी तरह से नकार देती है।

अध्याय चार

अंश का संपूर्णता से संबंध

इस सृष्टि में जहां जो कुछ भी विद्यमान है वह कुछ निश्चित नियमों से बंधा हुआ है–भले ही वह अंतरिक्ष हो या फिर निर्वात। ये नियम संपूर्ण ब्रह्मांड को नियंत्रित और संचालित करते हैं। इन्हें प्रकृति के नियम कहा जा सकता है। प्रत्येक पदार्थ, वस्तु, जीव और घटना ब्रह्मांडीय प्रणाली का एक भाग है। अंग्रेजी में 'सिस्टम ऑफ यूनिवर्स' कहलाने वाली इस प्रणाली के बाहर कुछ भी नहीं है। ब्रह्मांडीय प्रणाली का हर छोटा या बड़ा भाग प्रकृति के नियमों से बंधा हुआ है। ये नियम संपूर्ण ब्रह्मांड को नियंत्रित करते हैं और सभी वस्तुओं और प्राणियों पर बिना किसी भेदभाव के समान रूप से लागू होते हैं। यदि इन नियमों में समानता नहीं है और भेदभाव पर आधारित है तो निस्संदेह ये नियम नहीं हो सकते और इन्हें प्रकृति के नियम कहना गलत और असंगत होगा। चूंकि इस ब्रह्मांडीय प्रणाली को किसी सीमा में नहीं बांधा जा सकता और यह सबको अपने भीतर समेटे हुए है इसलिए इसके अतिरिक्त किसी अन्य बाह्य इकाई के अस्तित्व की कल्पना भी नहीं की जा सकती। साथ ही ऐसी स्थिति में किसी बाह्य शक्ति का इस प्रणाली को नियंत्रित करने का प्रश्न ही उत्पन्न नहीं होता। प्रकृति स्वयं में एक स्वनियंत्रित व स्वसंचालित व्यवस्था है।

गतिशीलता इस ब्रह्मांडीय प्रणाली का मूलभूत सिद्धांत है। पदार्थ और ऊर्जा की सबसे छोटी इकाई 'परमाणु' भी कभी स्थिर नहीं रहता। इसमें हर क्षण परिवर्तन होते रहते हैं। क्योंकि सभी पदार्थ परमाणुओं के योग से बने हैं अत: इस सृष्टि में कुछ भी स्थाई नहीं है। परिवर्तन की प्रक्रिया प्रत्येक स्थान पर निरन्तर चल रही है–भले ही वे तारे हैं या ग्रह या मनुष्य के द्वारा जीवन भर

Dipak Das

संचित किये जाने वाले अनुभव और उनसे उत्पन्न अनुभूतियां तथा संवेदनाएं–इस सृष्टि में कुछ भी स्थिर और स्थाई नहीं है।

तीन श्रेणियां

मनुष्य द्वारा सृष्टि के अनेक रहस्यों का उद्‌घाटन किए जाने के बाद भी उसका ज्ञान अधूरा है। मानवीय ज्ञान की अद्धखुली खिड़कियों को आधार बनाकर बात करें तो प्रकृति के नियमों को स्थूल रूप से तीन श्रेणियों में विभाजित किया जा सकता है। पहली श्रेणी में वे नियम सम्मिलित हैं जिनका मनुष्य को निश्चित रूप से बोध है, जैसे इस सृष्टि में जिसने जन्म लिया है उसकी मृत्यु निश्चित है। भौतिक विज्ञान के नियम भी इस श्रेणी से संबंधित हैं। दूसरी श्रेणी में प्रकृति की वे अद्‌भुत घटनाएं सम्मिलित हैं जिनके विषय में मनुष्य केवल आकलन करता है और अनुमान लगाता है। ज्योतिष शास्त्र के अन्तर्गत लगाए जाने वाले आकलन और अनुमान इस श्रेणी से संबंधित हैं। तीसरी श्रेणी में, भौतिक और सामाजिक विज्ञान के क्षेत्र में किए गए अद्‌भुत विकास के बाद भी ब्रह्मांडीय प्रणाली में कुछ तथ्य और नियम ऐसे शेष हैं जिनके विषय में मनुष्य अभी तक अंधकार में है। इनके बारे में मनुष्य आज तक अनजान है, पर आशा की जा सकती है कि भविष्य में मानवीय ज्ञान रूपी प्रकाश इन्हें भी उज्ज्वलता प्रदान कर देगा।

ब्रह्मांडीय प्रणाली

प्रकृति के नियमों का यह विभाजन मनुष्य के सीमित ज्ञान के संदर्भ में किया गया है। वास्तविकता यह है कि ब्रह्मांडीय प्रणाली अपने आप में संपूर्ण और अखंड है और इसे किसी भी प्रकार विभाजित नहीं किया जा सकता। ब्रह्मांड हमारे ज्ञान की विषय–वस्तु है और यह स्वयं ज्ञाता भी है। समय और स्थान की अवधारणा प्रकृंति के केवल एक विशेष पक्ष को ही परिभाषित करती है। प्रकृति स्वयं में एक आदर्श क्रियाशील प्रणाली है। यह अविभाज्य है क्योंकि इसकी प्रणाली अविभाज्य है। इसलिए वे नियम जो इस प्रणाली का एक भाग हैं और इसे नियन्त्रित और संचालित करते हैं वे भी अविभाज्य हैं। इस अविभाज्य ब्रह्मांडीय प्रणाली में अनेक उप–प्रणालियां सम्मिलित हैं जो वैसे तो स्वयं में पूर्ण क्रियाशील प्रणालियां हैं पर ये पारस्परिक सहायता के बिना कार्य नहीं कर

Dipak Das

सकती। इन्हें अपने अस्तित्व के लिए एक-दूसरे का आश्रय लेना ही होता है। सौरमंडल यदि इस प्रणाली का एक उदाहरण है तो मानव शरीर दूसरा।

उप-प्रणालियां

ज्ञातव्य है कि प्रकृति एक पूर्ण प्रणाली है जिसमें अनेक उप-प्रणालियां सम्मिलित हैं। इनकी अपनी अनेक अन्य छोटी प्रणालियां हैं जो आगे फिर छोटी-छोटी प्रणालियों से मिलकर बनी हैं। उदाहरणतया सौरमंडल ब्रह्मांडीय प्रणाली की एक उप-प्रणाली है और पृथ्वी सौरमंडल का एक हिस्सा है, या ऐसा कहें कि पृथ्वी सौरमंडल रूपी उप-प्रणाली की एक उप-प्रणाली है। इसी प्रकार मानव शरीर श्वास, पाचन व तंत्रिका प्रणालियों आदि अनेक छोटी-छोटी प्रणालियों से मिलकर बना है। परमाणु संभत्रत पदार्थ और ऊर्जा की सर्वाधिक लघु उप-प्रणाली है जो स्वयं में एक पूर्ण क्रियाशील इकाई है।

दूसरें शब्दों में कहें तो ब्रह्मांड में सभी सजीव और निर्जीव वस्तुएं तथा पदार्थ कुछ निश्चित नियमों के अनुसार कार्य करते हैं। निर्जीव वस्तुएं और पदार्थ इस प्रणाली में अपनी भूमिका का निर्वहन तो करते हैं परन्तु उन्हें अपनी भूमिका का कोई अहसास नहीं होता। दूसरी ओर सभी सजीव प्राणी इस ब्रह्मांडीय प्रणाली में न केवल स्वेच्छा से अपनी भूमिका का निभाते हैं बल्कि अपनी चेतना के स्तर के अनुरूप विभिन्न घटनाओं के परिणामों के लिए स्वयं को उत्तरदायी भी मानते हैं। किसी भी जीव में चेतना का स्तर न केवल उसकी अपनी प्रजाति पर निर्भर करता है बल्कि साथ ही साथ उसके अपने प्रयासों पर भी निर्भर करता है।

सृष्टि का सत्य

सर्वविदित है कि ब्रह्मांडीय प्रणाली विभिन्न उप-प्रणालियों और अनेक छोटी-छोटी प्रणालियों के आपसी संगठन से बनी है पर इसे इनका कुल योग कहना अनुचित होगा। मानव शरीर का ही उदाहरण लीजिए। मनुष्य का शरीर विभिन्न अंगों का योग मात्र नहीं है। हर व्यक्ति का अपना एक व्यक्तित्व होता है। इसी प्रकार ब्रह्मांडीय प्रणाली छोटी छोटी प्रणालियों का योग मात्र न होकर एक भिन्न इकाई है जिसका अपना अस्तित्व है। ब्रह्मांडीय प्रणाली को एक संपूर्ण ब्रह्मांडीय घटनाचक्र कहना अधिक उचित होगा। यही वास्तविकता है। संक्षेप में

इस तथ्य के विषय में कहा जा सकता है कि यह एक ऐसी अपरिवर्तनशील सत्ता है जिसका स्वरूप निरन्तर परिवर्तित होता रहता है। हम इसे प्रकृति, सत्य, ईश्वर, पूर्ण चेतना अथवा जो भी चाहे नाम दे सकते हैं। इसकी परिभाषा से स्पष्ट है यह सत्ता सर्वव्यापी है, लेकिन इसे सर्वशक्तिमान कहना उचित नहीं होगा क्योंकि यह स्वयं अपने ही नियमों में आबद्ध है। अण्डे से बाहर आने के बाद चूजे को पुनः उस अण्डे में नहीं डाला जा सकता या फिर जन्म लेने के बाद मनुष्य पहले बचपन फिर युवावस्था और अंत में वृद्धावस्था को प्राप्त करता है परन्तु इस चक्र को उल्टा नहीं घूमाया जा सकता। इससे यह निष्कर्ष निकलता है कि ईश्वर भी एक है। इस कथन के पीछे सबसे ठोस आधार यही है कि यद्रि प्रकृति के नियम हम सभी पर समान रूप से लागू होते हैं तो ईश्वर भिन्न कैसे हो सकता है। निस्संदेह ईश्वर एक है, इसके अतिरिक्त इसे कुछ और कहना हास्यास्पद होगा। यह बात और है कि विभिन्न व्यक्तियों, धर्मों, सम्प्रदायों आदि ने अपनी विचारधारा के अनुरूप इसे अनेक नाम और रूप प्रदान किए हैं।

प्रणाली का ईंधन और अपशेष

कोई भी गतिशील प्रणाली, व्यवस्था अथवा तंत्र भले ही वह जैविक हो, मशीनी हो, इलैक्ट्रॉनिक हो या फिर कुछ और हो पर यह ईंधन या निवेश के अभाव में कदापि कार्य नहीं कर सकता। इसे चलाने के लिए ईंधन का होना अत्यावश्यक है। ईंधन को ग्रहण कर एक प्रक्रिया के अन्तर्गत यह गतिशील प्रणाली कुछ उत्पादन भी करती है। इस उत्पादन का संबंध अपशिष्ट पदार्थ को बाहर निष्कासित करने से है। उदाहरण के लिए हम भोजन को ग्रहण करते है और अपशिष्ट बाहर निकालते हैं। मनुष्य अथवा कोई भी जीवित प्राणी बिना हवा, पानी और भोजन के जीवित नहीं रह सकता। समान रूप से अपशिष्ट पदार्थ को बाहर निकालना भी जीवित रहने के लिए उतना ही आवश्यक है। इसी प्रकार किसी भी मशीन को कार्य करने के लिए ईंधन की खपत और अपशिष्ट पदार्थ का बाहर निकालना दोनों ही आवश्यक हैं। प्रायः किसी एक प्रणाली द्वारा बाहर निकाला गया अपशिष्ट पदार्थ दूसरे के लिए ईंधन का कार्य करता है। इस प्रकार विकास की सतत् प्रक्रिया के परिणामस्वरूप विकसित विभिन्न प्रणालियां, उप-प्रणालियां और अन्य छोटी-छोटी प्रणालियां अपने

अस्तित्व के लिए एक-दूसरे पर निर्भर रहती हैं। इन्हें एक-दूसरे की पूरक प्रणालियां कहना अधिक उचित होगा। ये प्रणालियां स्वायत्त होकर कार्य नहीं कर सकती। ईधन की पूर्ति और अपने अपशिष्ट पदार्थ के उपयोग के लिए इन्हें दूसरी प्रणालियों पर निर्भर रहना पड़ता है। अतः इनमें से किसी भी प्रणाली को संपूर्ण नहीं कहा जा सकता है।

अपने संपूर्ण रूप में ब्रह्मांडीय प्रणाली इस नियम का अकेला अपवाद कही जा सकती है। यह एक पूर्ण प्रणाली है क्योंकि इसे अपने अस्तित्व को बनाकर रखने के लिए किसी अन्य इकाई पर निर्भर रहने की आवश्यकता नहीं होती। यह स्वयं अपने लिए ईधन को उत्पन्न करती है और अपने अपशिष्ट को ग्रहण करती है। यह प्रणाली सर्वव्यापी है इसलिए इसके घेरे से बाहर किसी अन्य शक्ति की कल्पना भी नहीं की जा सकती। केवल प्रकृति या सत्य या फिर ईश्वर, जो भी हम इसे नाम दें यही सम्पूर्ण है। इसके अतिरिक्त जो कुछ भी है वह अपूर्ण और अूधरा है।

सभी जीवित प्राणियों में केवल मुनष्य ही है जो अपने शरीर और मन की विशिष्ट संरचना के परिणामस्वरूप प्राप्त वृद्धिमान चेतना के द्वारा इस सत्य का स्पष्ट अनुभव कर सकता है। अपने इस चेतना के गुण के आधार पर मनुष्य सम्पूर्ण सत्ता का एक छोटा सा अंश होने के बावजूद स्वयं को उस संपूर्णता से जोड़ सकता है। अंश रूपी मनुष्य का संपूर्णता के साथ संबंध दो तरह से स्थापित हो सकता है -पहला सत्य का ज्ञान और दूसरा अज्ञात शक्ति का डर।

अज्ञात शक्ति का भय

'अज्ञात शक्ति का भय' अंधविश्वासों, धर्मसिद्धांतों और धार्मिक परंपराओं को जन्म देता है। इस प्रकार की परिस्थितियों का लाभ प्रायः स्वयं को ईश्वर का दूत घोषित करने वाले धर्म के ठेकेदारों, पैगंबरों और ईशपुत्रों द्वारा उठाया जाता हैं। 'अज्ञात शक्ति का भय' दिखाकर ये स्वघोषित धर्मपुत्र-पुत्रियां आम लोगों का शोषण करते हैं और स्वयं को सर्वोच्च सिद्ध करने का प्रयास करते हैं। दूसरी ओर सत्य का ज्ञान मनुष्य को अनुभव कराता है कि उसका जीवन प्रसन्नता, शांति, दृढ़ता और करूणा आदि गुणों का प्रतिरूप है और उसके जीवन में भय और आत्मग्लानि का कोई स्थान नहीं है। इस प्रकार की मनःस्थिति मुनष्य को परमानन्द का अनुभव कराती है।

सत्य का अनुभव

'सत्य' का अनुभव मनुष्य को कही-सुनी बातों या मध्यस्थों के द्वारा नहीं हो सकता। प्रत्येक इंसान को इस ज्ञान के अनुभव के लिए अपना रास्ता स्वयं चुनना पड़ता है और समस्त कठिनाइयों को पार करते हुए इसे चलकर लक्ष्य को पाना होता है। सत्य पर केवल विश्वास ही नहीं करना चाहिए अपितु उसका स्वयं अनुभव भी करना चाहिए। यदि सत्य को जानना है तो सबसे पहले हमें यह जानना होगा कि सत्य का अनुभव करने के मार्ग में सबसे बड़ी बाधा कौन सी है। अतीत के अनुभवों से उत्पन्न अनुभूतियां हमें तर्क और विवेकपूर्ण विचार से दूर ले जाती हैं इसलिए ये अनुभूतियां ही सत्य के मार्ग में सबसे बड़ी बाधा हैं। इस बाधा को दूर करने का एक ढंग तो यह संभव है कि हम अपनी पसंद और नापसंद को ही अपने मन से निकाल दें, ताकि इन अनुभूतियां की उत्पत्ति का मूल कारण ही समाप्त हो जाए लेकिन यह आसान कार्य नहीं है। हर व्यक्ति उन घटनाओं, वस्तुओं और व्यक्तियों के प्रति अपनी पसंद या नापंसद बनाने के लिए बाध्य है जो उसके शरीर और मन की संगठित संरचना को सुख या दुःख देते हैं। यदि कोई व्यक्ति किसी घटना, वस्तु आदि से सुख पाता है तो वह उसे पसंद करेगा और यदि उसे उससे कष्ट पहुंचता है तो निश्चित ही वह उसे नापसंद करेगा। यहां आवश्यकता इस बात कि है कि हम अपनी इच्छाओं, पसंद या नापसंद को नियंत्रित करने की अपेक्षा अनुभवों से उत्पन्न अनुभूतियों के संचयन को रोकने का प्रयास करें। इस प्रकार मनुष्य घटनाओं, वस्तुओं, व्यक्तियों आदि के प्रति अपनी पसंद और नापसंद भी प्रकट करेगा और निरंतर घटित होने वाली घटनाओं में अपनी भूमिका का निर्वाह भी पूरी तरह कर पाएगा। साथ ही साथ वह इस बात का भी पूरा ध्यान रखेगा कि अतीत के अनुभवों से प्राप्त अनुभूतियां उसके तर्क और विवेक पर हावी न होने पाएं। इस प्रकार मनुष्य अपनी चेतना के स्तर में वृद्धि कर लेता है। यह सत्य को अनुभव करने का सबसे उचित तरीका है।

ज्ञान बनाम चेतना

सत्य का अनुभव करने के लिए 'चेतना' मूल-आवश्यकता है। यदि हमें सत्य को जानना है और उससे आमने-सामने होना है तो सर्वप्रथम चेतना के स्तर में वृद्धि करनी होगी। प्रायः ज्ञान और चेतना को हम एक-दूसरे का पर्याय मान

लेते हैं, जबकि ये दोनों भिन्न मनो-स्तर हैं। किसी वस्तु, व्यक्ति, घटना या फिर अपने ही विषय में जानकारी, सूचना या समझ प्राप्त करना ज्ञान है। दूसरी ओर चेतना उस आत्म की बात करती है जिसने इस ज्ञान को प्राप्त किया है। चेतना के उच्च स्तर के अभाव में मनुष्य का ज्ञान उसके भीतर अहंकार को जन्म देता है। ज्ञान का यह अहंकार अज्ञानता के अभिशाप से भी कहीं अधिक हानिकारक और भयावह है।

चेतना वह माध्यम है जिसके द्वारा मनुष्य अपने आपको जान सकता है। चेतना जीवन की अंधकारमय गलियों को प्रकाशित करने वाली एक उज्ज्वल किरण है। ईश्वर के साथ अपने संबंध को सच्चाईपूर्वक जानने के लिए 'अपने विषय में चेतना' पहली आवश्यकता है। यदि हमें ईश्वर के साथ अपने संबंध को जानना है तो सर्वप्रथम हमें अपने बारे में सजग रहना होगा। हमें अपने विचारों, कार्यों, उनके परिणामों और निरन्तर घटित होने वाली घटनाओं की शृंखला के प्रति चैतन्य रहना होगा। हमें अपने सामर्थ्य, शक्ति और दुर्बलताओं के प्रति भी सचेत रहने की आवश्यकता है। इसके अतिरिक्त हमें अपने अतीत और वर्तमान के अनुभवों तथा उनके प्रभावों के प्रति भी सजग रहना होगा। हमें स्वयं को आनन्द, कष्ट आदि अनुभूतियों के प्रति सजग रखने की आवश्यकता है। इस वास्तविकता को लेकर भी सदा सावधान रहने की आवश्यकता है कि इनमें से कुछ भी स्थाई नहीं हैं। ये अनुभूतियां परिस्थितियों के अनुरूप परिवर्तित होती रहती हैं। हमें अपने परिवेश तथा दूसरी सजीव और निर्जीव वस्तुओं, जीवों के प्रति भी चैतन्य रहना होगा।

संक्षेप में, सृष्टि के रचयिता के साथ अपने संबंध को जानने के लिए जीवन के सभी पक्षों के प्रति चेतना परमावश्यक है। यह व्यापक स्तरीय चेतना हमें ईश्वर से मिलाती है, लेकिन चेतना के स्तर को प्राप्त करने के लिए आवश्यक है कि हमारे कार्यों और सोच में सामंजस्य हो। हमारी सोच और कार्यों में भेद नहीं होना चाहिए। इस दिशा में बढ़ाया गया एक छोटा परन्तु दृढ़ कदम हमारे सफलता के ग्राफ में आश्चर्यजनक वृद्धि कर सकता है। आत्म के सतत नियन्त्रण में शरीर और मन दोनो अत्यंत तर्कसंगत तथा व्यवस्थित रूप में कार्य करते हैं। चेतना के उच्च स्तर को प्राप्त करके न केवल शरीर और मन की अनेक विकृतियों से बचाव संभव है अपितु इनसे मुक्ति भी पाई जा सकती है।

अन्य पुरूष के रूप में जीवन जीना

जब कोई व्यक्ति उस दृष्टिकोण के अंतर्गत अपने आपको देखने लगता है जिस दृष्टिकोण के अंतर्गत वह दूसरों का अवलोकन करता है तो 'आप और मैं' की अवधारणा 'वह और वह' का रूप ले लेती है, यानि मनुष्य स्वयं को अन्य पुरूष के रूप में देखने लगता है। वह स्वयं को 'वह' मानकर जीवन पथ पर अग्रसर होता है। इस दृष्टिकोण के अन्तर्गत मनुष्य अपनी कमियों और गलतियों का विश्लेषण उसी प्रकार करता है जिस प्रकार वह दूसरों की गलतियों और कमियों का विश्लेषण करता है। इस अवस्था में मनुष्य स्वयं को अहं के संकीर्ण परिपेक्ष्य की अपेक्षा आत्म के व्यापक परिपेक्ष्य में देखने लगता है और इसलिए जीवन का सत्य उसके सम्मुख स्वयं ही प्रकट होने लगता है। अब वह केवल बौद्धिकता के आधार पर संसार का अवलोकन करने के अपेक्षा चेतना के प्रकाश में समस्त बाह्य संसार को देखने लगता है। इस तरह अंश का सम्पूर्णता से सच्चा संबंध स्थापित हो जाता है। इस अवस्था में सभी प्रकार की चिंताएं और विसंगतियां चेतना की आग में पिंघलने लगती हैं; ऐसा इसलिए होता है क्योंकि अब सभी चिंताओं और विकृतियों का मूल कारण 'अहं' के अर्थ का ज्ञान मनुष्य को हो जाता है। इसलिए मनुष्य को अपने सांस लेने और यहां तक कि चलने-फिरने जैसे कार्यों में भी चेतना का प्रयोग करना चाहिए।

यहां एक बात याद रहनी चाहिये कि जिस 'वह और वह' की अवधारणा का हम उल्लेख कर रहे हैं वह आन्तरिक आधार पर मनुष्य के व्यवहार और सोच का हिस्सा हो। यदि ऐसा नहीं है तो यह एक दिखावा मात्र होगा जो हमें अपकर्ष की ओर ले जा सकता है।

हम जो कुछ करते हैं और नहीं करते, अपने उन सभी कार्यों के प्रति हमें सचेत रहने की आवश्यकता है। चेतना हर तरह की जीवनशैली के लिए एक प्रभावी विषहारक का कार्य करती है। चेतना ही एकमात्र माध्यम है जो मनुष्य को अन्य जीवों से अलग करता है। यह वह विशेषता है जो मनुष्य को इस संसार में सर्वश्रेष्ठ प्रमाणित करती है। वास्तव में इसे मनुष्य के जीवन का सार कहना अधिक उचित होगा। हमें जीवन में हर पल चेतना के माध्यम से कार्य करना चाहिए। चेतना के उच्च स्तर को प्राप्त करने के बाद मनुष्य सम्पूर्ण ब्रह्मांडीय प्रणाली की वास्तविकता को समझ सकता है जिसका वह एक छोटा लेकिन महत्वपूर्ण हिस्सा है।

अति सहज शब्दावली का प्रयोग करें तो ईश्वर को पदार्थ और ऊर्जा का कभी न समाप्त होने वाला विशाल भंडार भी कहा जा सकता है। यदि कोई व्यक्ति ईश्वर के संबंध में सच्चा ज्ञान हासिल कर लेता है और अपने सभी कार्य उसको समर्पित करता है तथा उनके परिणामों को ईश्वरीय अनुकम्पा के रूप में ग्रहण करता है तो वह व्यक्ति ईश्वर के साथ एकात्म स्थापित कर लेता है। इसके बाद वह अपनी क्षमता अनुसार ईश्वर रूपी स्त्रोत से ऊर्जा ग्रहण कर सकता है। इस तरह अंश रूपी मनुष्य स्वयं को संपूर्णता रूपी ईश्वर के एक अभिन्न हिस्से के रूप में समझने लगता है।

मानवता के विरूद्ध किया गया कोई अपराध
और अपने अस्तित्व को नकारना,
दोनो ही ईश्वर की दृष्टि में घोर पाप हैं।

अध्याय पांच

नियमों के अपवाद

पिछले अध्याय में विस्तारपूर्वक चर्चा कर चुके हैं कि इस सृष्टि में हर वस्तु, घटना और जीव कुछ निर्धारित नियमों के अंतर्गत कार्य करते हैं। ये नियम सार्वभौमिक हैं और समस्त ब्रह्मांड को नियंत्रित और संचालित करते हैं। किसी व्यक्ति अथवा समूह के द्वारा संपन्न किए गए या पूर्ण न हो सकने वाले कार्यों के परिणाम भी इन नियमों के द्वारा निर्धारित होते हैं। ये नियम पूर्णत: निष्पक्ष और भेदभाव रहित होते हैं तथा सभी वस्तुओं, पदार्थों और जीवों पर समान रूप से लागू होते हैं—इन्हें प्रकृति के नियम कहा जाता है।

बाह्य तौर पर इन सभी नियमों से हम भली-भांति परिचित हैं, लेकिन चेतना और ज्ञान के अभाव के कारण प्राय: हम इन नियमों की भीतरी जटिलताओं को नहीं समझ पाते। इन नियमों के वास्तविक स्वरूप, स्वभाव और प्रकृति के प्रति हमारी अज्ञानता और चेतना का अभाव हमारे भीतर एक गलत धारणा को जन्म देता है कि इन नियमों में कुछ अपवाद हैं पर वास्तव में यह एक भ्रम मात्र है।

भ्रम की स्थिति

प्राय: वैयक्तिक या सामूहिक अहं अर्थात् कोई व्यक्ति या समूह किसी कार्य को करते हुए पहले ही इस भ्रांति को मन में धारण कर लेता है कि वह अपने कार्यों के अनचाहे और कष्टकारी परिणामों से बच सकता है क्योंकि प्रकृति के हर नियम में कोई न कोई अपवाद है जिसका लाभ उसे अवश्य मिलेगा। मनुष्य सोचता है कि वैसे तो प्रकृति के नियम सभी प्राणियों पर समान रूप से लागू होते हैं परन्तु इन अपवादों का लाभ उठाते हुए वह अपने आपको सुरक्षित रख

पाएगा और अपने कार्यों के कष्टकारी तथा अनचाहे परिणामों के प्रभाव से बच जाएगा। जब किसी व्यक्ति में अहं भावना अत्यधिक होती है तो उसके भीतर यह भ्रम अपेक्षाकृत अधिक बढ़ जाता है।

बढ़ी हुए चेतना इस भ्रम की स्थिति से न केवल बाहर निकालती है अपितु यह अहसास भी कराती है कि प्रकृति के नियमों में कोई अपवाद नहीं है। यह तो मात्र एक भ्रांति है। यदि प्रकृति के किसी नियम में कोई अपवाद है तो यह निश्चित ही किसी न किसी अन्य नियम से बंधा हुआ है। प्रकृति के नियम केवल इसी कारण सर्वश्रेष्ठ तथा उचित हैं क्योंकि इनमें भेदभाव नहीं है और ये सभी पर समान रूप से लागू होते हैं। उदाहरण के लिए क्रोध मनुष्य के तन, मन तथा उपापचय प्रणाली को गंभीर रूप से प्रभावित करता है। जिस प्रकार क्रोध किसी एक व्यक्ति को प्रभावित करता है उसी प्रकार यह दूसरे व्यक्ति को भी प्रभावित करता है। क्रोध करने वाला कोई भी व्यक्ति किसी भी प्रकार से क्रोध करने के बाद उत्पन्न होने वाले प्रभावों से बच नहीं सकता। यद्यपि अपने अज्ञान के कारण वह प्राय: बाद में पड़ने वाले इन प्रभावों का तुरन्त अनुभव नहीं कर पाता। यह स्थिति मन में इस भ्रम को उत्पन्न करती है कि प्रकृति के नियमों में अपवाद हैं, क्योंकि हमें ऐसा लगता है कि क्रोध का हम पर कोई प्रभाव नहीं पड़ा जबकि हमारे द्वारा किए गए प्रत्येक कार्य का प्रभाव हम पर अवश्य रहता है–फिर चाहे वह क्रोध करना हो या फिर कोई अन्य कार्य। निश्चित रूप से प्रकृति के नियमों में कोई अपवाद नहीं है।

इस प्रकार जहां एक ओर कोई अहंकारी व्यक्ति इस भ्रम के साथ किसी कार्य को करता है कि उसके द्वारा किए गए कार्यों के बुरे प्रभाव उसे प्रभावित नहीं करेंगे वहीं एक सजग, ज्ञानवान व सचेतन व्यक्ति न केवल अपने द्वारा किए गए कार्यों के परिणामों को पहले से जानता है, बल्कि वह अपने कार्यों को समय-समय पर सुधारने का प्रयत्न भी करता है।

प्रार्थना वस्तुओं और परिस्थितियों को नहीं बदलती अपितु यह उनके संबंध में हमारे दृष्टिकोण को बदल देती है।

अध्याय छह

दुष्चक्र बनाम विशुद्ध गोलाभ

निरन्तर होने वाले विभिन्न घटना क्रमों में मनुष्य अपनी भूमिका को लेकर अज्ञानवश गलत धारणा बना लेता है। वह इनमें स्वयं को केवल एक भागीदार नहीं मानता अपितु अपने कार्यों के आनन्ददायक या कष्टदायक परिणामों का संपूर्ण श्रेय और दोष स्वयं को देता है। वह अपने कार्यों के परिणामों से उत्पन्न आनन्द और कष्ट की अनुभूतियों तथा उनसे उत्पन्न अन्य मनोभावों को अपने अनुभवों के साथ-साथ अपने अवचेतन मन में अनजाने ही संचित करता रहता है। मनुष्य के अनुभवों के ये प्रभाव उसके तर्क और विवेक पर हावी होते रहते हैं और उसके मन में असंगत, तर्कहीन और अनर्गल विचारों को जन्म देते हैं। इस स्थिति में मनुष्य जो भी कार्य करता है वह प्राय: विवेकहीन और तर्कहीन होता है। ऐसा कार्य इसी प्रकार के अन्य प्रभावों की उत्पत्ति करते हैं। इस प्रक्रिया में मनुष्य का मन निरन्तर असंगत और व्यर्थ के विचारों के जाल में फंसता चला जाता है। यही मन की वह स्थिति है जिसे असंगत, विवेकहीन अनर्गल विचारों का दुष्चक्र कह सकते हैं। इस मन:स्थिति को दुष्चक्र इसलिए कहा गया है क्योंकि यह मनुष्य को सत्य और वास्तविकता से दूर ले जाती है और इसके प्रभाव में मनुष्य निरंतर परेशानियों से घिरा रहता है।

मनुष्य दुष्चक्र में कैसे फंसता है

हममें से अधिकांश जैसा सोचते हैं प्राय: वैसा व्यवहार नहीं करते । हमारी सोच और व्यवहार में दिन-रात का अंतर होता है। उदाहरण के लिए जो व्यक्ति लगातार सिगरेट पीता है वह निश्चित रूप से जानता है कि सिगरेट पीना स्वास्थ्य के लिए हानिकारक है पर इसके बाद भी वह अपनी आदत से मजबूर

है। वह इस आदत को छोड़ना चाहता है और इसके लिए मन ही मन संकल्प भी करता है। अपने आप तथा दूसरों से वायदा भी करता है कि वह भविष्य में कभी सिगरेट को हाथ तक नहीं लगाएगा परन्तु अगले ही पल वह पहले से भी अधिक ललक के साथ सिगरेट पीने लगता है। ऐसा क्यों और किस कारण होता है? जैसा हम सोचते हैं वैसा व्यवहार क्यों नहीं कर पाते? किस प्रकार एक तर्कहीन और अविवेकी विचार हमारे विवेकपूर्ण विचार पर प्रभावी हो जाता है? क्यों प्राय: एक विवेकपूर्ण विचार विवेकहीन विचार के साथ संघर्ष में हार जाता है? अतीत के अनुभवों से उत्पन्न अनुभूतियां प्राय: तर्क और विवेक की तुलना में अधिक सशक्त सिद्ध होती हैं। इसीलिए हमारा विवेकपूर्ण और बुद्धिसंगत विचार इन भावावेगों की प्रबलता के कारण अपने पूर्ण प्रभाव के साथ कार्य नहीं कर पाता और मन के किसी कोने में दबकर रह जाता है। विवेकहीन विचार हमें विवेकहीन कार्यों के लिए प्रेरित करता है और ऐसे कार्य सदा अनचाहे दुष्प्रभावी परिणाम देते हैं।

ये दुष्प्रभावी परिणाम उस विवेकहीन विचार का ही फल होते हैं जो हमें असंगत कार्य करने के लिए उकसाता हैं। ये विवेकहीन कार्य और इनके परिणाम हमारी अज्ञानता से प्रेरित होते हैं तथा अपने आधार पर क्षणिक आनन्द या कष्ट के प्रभाव पैदा करते हैं इसलिए ये कार्य और इनके परिणाम अलग प्रकार के भावों की उत्पत्ति करते हैं। इससे हमारे पूर्व अनुभवों से प्राप्त अनुभूतियां और अधिक दृढ़ होती जाती हैं। ये हमारे अवचेतन मन में निरंतर एकत्रित होती रहती हैं तथा लगातार सुदृढ़ता और स्थायित्व प्राप्त करती रहती हैं। अपने इस क्रम में ये निरंतर अधिक विवेकहीन और तर्कहीन विचारों तथा कार्यों के लिए उकसाती हैं जिनके परिणामस्वरूप हम और अधिक विबेकहीन और तर्कहीन कार्य करते हैं। इस प्रकार मनुष्य स्वयं अपने द्वारा बनाए दुष्चक्र में लगातार फंसता चला जाता है।

इस दुष्चक्र से बाहर किस प्रकार निकला जा सकता है? इस प्रश्न का उत्तर देने से पहले यह जानना अतिआवश्यक है कि क्या वास्तव में अधिकतर लोग इस दुष्चक्र से बाहर आना चाहते हैं। ऊपरी तौर पर इसका उत्तर हां के रूप में दिखाई देगा, लेकिन वास्तविकता यह है कि हम इस दुष्चक्र से बाहर आना ही नहीं चाहते। यही सत्य है। इस बात की परवाह किए बिना कि जीवन जीने का यह ढंग सुख की तुलना में दु:ख अधिक देता है हम इस प्रकार से जीवन जीने के आदी हो चुके हैं। एक प्रकार से हम अपने मन में इस दुष्चक्र के प्रति

स्नेह और प्रेम की भावना विकसित कर लेते हैं जो हमारे जीवन को लगातार दयनीय बना रहा है। इसका कारण यह है कि हम इस जीवन पद्धति के विकल्प को नहीं जानते हैं। यदि इसके विकल्प का ज्ञान होगा तो निश्चित ही हम इस दुष्चक्र से बाहर निकलने का प्रयास करेंगे।

एक विकल्प

इससे पूर्व कि इस दुष्चक्र को तोड़ने के लिए कोई ईमानदारीपूर्ण प्रयास किया जाए, हमें इसके विकल्पों का पता लगाना होगा, तभी हम अपनी वर्तमान जीवन पद्धति को त्यागकर उस श्रेष्ठ वैकल्पिक जीवन पद्धति को स्वीकार कर पाएंगे। क्या कोई ऐसी जीवन-पद्धति है जिसमें मनुष्य अपने कार्यों के प्रभावस्वरूप उत्पन्न अनुभूतियों को संचित किए बिना सांसारिक कार्यों में पूरी क्षमता के साथ अपनी भूमिका निभा सकता है? मैं बार-बार दोहरा चुका हूं कि निश्चित रूप से ऐसी वैकल्पिक जीवन पद्धति विद्यमान है और इसे स्वीकार करना अत्यंत आनन्ददायक और संतोषप्रद अनुभव रहेगा। जब कोई व्यक्ति अपनी वृद्धिमान चेतना के साथ किन्हीं कार्यों को करता है तो वह न केवल उन कार्यों अपितु उनके परिणामों के सच्चे स्वरूप को भी भली-भांति जान लेता है। इस प्रकार उसके द्वारा किया गया प्रत्येक कार्य अपने पीछे किसी भय, आत्मगलानि आदि मनोविकार को उत्पन्न नहीं करता। इस जीवन पद्धति को स्वीकार कर मनुष्य सांसारिक कार्यों में लिप्त रहते हुए भी अपने कार्यों के कष्टकारी प्रभावों से अप्रभावित रहता है। इस प्रकार की स्थिति में मनुष्य अपने वास्तविक स्वभाव और प्रकृति का अनुभव करता है, जोकि प्रसन्नता, शांति, दृढ़ता, करूणा आदि गुणों का प्रतिरूप है। इस प्रकार मनुष्य असंगत और विवेकहीन विचारों के दुष्चक्र को तोड़कर एक विशुद्ध और आदर्श गोलाभ में प्रवेश कर जाता है।

इस दुष्चक्र से बाहर निकलना कैसे संभव है

इस दुष्चक्र को स्वयं मनुष्य ने ही अपने लिए रचा है जिसमें आज वह जकड़ा हुआ है। निश्चित ही इससे बाहर निकलने का रास्ता भी उसे खुद ही खोज निकालना होगा। दूसरे लोग केवल इसके विभिन्न संभव तरीकों के विषय में सुझाव दे सकते हैं। ऐसा करने के लिए सर्वप्रथम प्रत्येक व्यक्ति को यह जानना होगा कि वह निश्चित तौर पर असंगत और विवेकहीन विचारों के दुष्चक्र में

फंसा हुआ है। इसके बाद उसे इस दुष्चक्र से बाहर निकलने के लिए अपना रास्ता स्वयं चुनते हुए इससे बाहर आने का दृढ़ प्रयत्न करना होगा तथा साथ ही इस रास्ते पर दृढ़निश्चय के साथ चलना होगा। मनुष्य को असंगत, विवेकहीन व दुर्बुद्धिपूर्ण विचारों के दुष्चक्र से निकालने वाले जिस रास्ते का हम यहां उल्लेख कर रहे है उसका संबंध आत्मा को तथाकथित मुक्ति दिलाने वाली किसी विशिष्ट, जटिल या रहस्यमयी पद्धति से नहीं है। इसका संबंध जीवन जीने के उस सरल, साधारण और साकारात्मक ढंग से है जिसे अपनाकर मनुष्य जीवन की वास्तविकता का अनुभव कर सकता है तथा अत्यंत संतोषजनक, सुखी और उपयोगी जीवन जी सकता है।

आंतरिक विकासवादी और क्रांतिकारी प्रक्रियाएं

असंगत और विवेकहीन विचारों के दुष्चक्र रूपी किले को दो प्रकार से ध्वस्त किया जा सकता है। ये दोनो तरीके परस्पर विरोधी नहीं हैं। पहला तरीका तो यह है कि लंबे समय से हमारे अवचेतन मन में एकत्र हो रहे अनुभवों के प्रभावों को एक आंतरिक विकास की प्रक्रिया के द्वारा नष्ट किया जाए। दूसरा तरीका है कि किसी व्यक्ति के जीवन में ऐसी क्रान्तिकारी घटना का घटित होना जिसके परिणामस्वरूप उस व्यक्ति के मन का सारा मैल स्वयं ही धुल जाए।

किसी व्यक्ति के जीवन की दिशा को ही पूरी तरह बदल सकने वाली कोई क्रांतिकारी घटना मानवीय जीवन में बहुत कम ही घटित होती है। वाल्मीकि, तुलसीदास जैसे महापुरूषों का उदाहरण हमारे सामने हैं। इन ऐतिहासिक महापुरूषों के जीवन में एक क्रांतिकारी घटना ने उनके जीवन के रूख को बदल दिया; एक डाकू ने जीवन में आए इस नवीन परिवर्तन के परिणामस्वरूप रामायण की रचना कर डाली, तो दूसरा अज्ञानी व पत्नी का सताया जीवन की मोह-माया को त्याग रामभक्ति में लीन हो गया और रामचरित मानस जैसे महाकाव्य का रचयिता बना। एक क्रान्तिकारी घटना के परिणामस्वरूप ये महापुरूष अनुभूतियों के दुष्चक्र को एक क्षण में तोड़कर तुरंत एक विशुद्ध गोलाभ में प्रवेश पा गए। लेकिन जीवन में ऐसी क्रान्तिकारी घटना के घटने की प्रतीक्षा किए बिना हम एक आंतरिक विकासवादी प्रक्रिया के द्वारा भी इस दुष्चक्र से बाहर निकल सकते हैं।

आंतरिक विकास की प्रक्रिया धीमी होती है। इसके परिणाम हमें तुरंत नहीं मिलते। ऐसा इसकी अपनी प्रकृति और स्वभाव के कारण है। प्रत्येक मनुष्य किसी नियत समय में चेतना के एक निश्चित स्तर पर कार्य करता है। मनुष्य अपनी दृढ़ इच्छाशक्ति के द्वारा चेतना के इस स्तर में वृद्धि कर सकता है। दृढ़निश्चिय, निरंतर ध्यान और एकाग्रता इस इच्छाशक्ति के मूलभूत गुण हैं। प्रश्न यह उठता है कि मनुष्य अपनी इच्छाशक्ति को दृढ़ कैसे कर सकता है? जब कोई व्यक्ति किसी काम को करने का निर्णय लेता है और उसे पूरी तत्परता के साथ करता है तथा वह उसी काम को करने का निश्चिय करता है जिसे करने में वह सक्षम है तो धीरे-धीरे उसकी इच्छाशक्ति दृढ़ होती जाती है। जब कोई व्यक्ति अपने सामर्थ्य के अनुसार किसी कार्य को करने का निर्णय लेता है और उस कार्य को पूरी लग्न और ईमानदारी के साथ पूरा करने में प्रयासरत रहता है तो उसकी इच्छाशक्ति में आश्चर्यजनक दृढ़ता आ जाती है। यह दृढ़ इच्छाशक्ति मनुष्य की चेतना में वृद्धि कर देती है। यह बढ़ी हुई चेतना असंगत और विवेकहीन विचारों के दुष्चक्र को तोड़ने वाला एक शक्तिशाली और अचूक हथियार है।

सजग और सचेत होने के गुण का दूसरा नाम ही चेतना है जो कभी न समाप्त होने वाले भंडार के रूप में सदा सर्वत्र विद्यमान रहती है। चेतना में वृद्धि का अर्थ है–किसी व्यक्ति के शरीर और मन की संगठित संरचना की क्षमता में वृद्धि करना ताकि वह स्वयं अपने विषय और इस सृष्टि में मौजूद अन्य जीवों, पदार्थों, वस्तुओं आदि के संबंध में अधिक से अधिक सजग हो सके। सभी जीवों में चेतना के स्तर को प्राप्त करने हेतु थोड़ी बहुत क्षमता अवश्य होती है। विभिन्न जीवों में चेतना का स्तर उनकी अपनी प्रजाति द्वारा निर्धारित होता है। कीट-पतंगों में चेतना लगभग नगण्य होती है जबकि पशुओं में उनसे कुछ अधिक चेतना होती है। बंदरों की प्रजातियों में अन्य जीवों की तुलना में अधिक चेतना होती है। इस सृष्टि में केवल मनुष्य ही ऐसा प्राणी है जिसके मन और शरीर की संगठित संरचना में चेतना सर्वाधिक सिमट सकती है। 'मैं', 'वह', 'तुम' आदि के रूप में मनुष्य अपनी तथा दूसरे प्राणियों की साकार कल्पना करने में पूर्णतः सक्षम है। वह देश, सम्प्रदाय, ईश्वर या प्रकृति जैसे गूढ़ और अमूर्त विषयों पर न केवल चिन्तन-मनन कर सकता है, बल्कि वह इनके साथ अपना एक प्रकार का संबंध भी स्थापित कर सकता है।

निस्संदेह मनुष्य चेतना के गुण के कारण इस सृष्टि में सर्वोपरि प्राणी है। उसमें चेतना को ग्रहण करने की क्षमता पर्याप्त होती है पर यह असीमित नहीं है। मनुष्य में चेतना की क्षमता को सीमित करने वाला पहला कारक उसका अपने शरीर और मन की संगठित संरचना रूपी ढांचा है जो ज्ञानेन्द्रियों द्वारा निर्धारित की गई सीमा का कभी उल्लंघन नहीं कर सकता। दूसरा कारक मनुष्य की अपनी विचार प्रक्रिया है जो उसके चेतना के स्तर को प्रभावित करती है। मनुष्य के शरीर और मन की क्षमता के बाहर और जो भी कुछ है वह विशुद्ध चेतना है। प्रकृति द्वारा निर्धारित की गई सीमाओं के उपरांत भी मनुष्य अपनी चेतना के स्तर में पर्याप्त वृद्धि कर सकता है।

चेतना की भूमिका

मनुष्य को असंगत और विवेकहीन विचारों के दुष्चक्र से बाहर निकालने में उसकी चेतना की क्या भूमिका रहती है? चेतना इस दुष्चक्र को तोड़ने और मनुष्य को इससे बाहर निकालने में किस प्रकार सहायता करती है? निस्संदेह यहां हम इन प्रश्नों के उत्तर अवश्य जानना चाहेंगे।

हम जानते हैं कि मन रूपी पदार्थ शरीर रूपी साधन के माध्यम से सुख या दुःख का अनुभव करता है। इस प्रक्रिया में हमारा अहं स्वयं को इस सुख या दुःख से जोड़ लेता है और निरन्तर इसके परिणामों को भोगता रहता है। हमारी बढ़ी हुई चेतना जहां एक ओर हमें इस सुख या दुःख के वास्तविक स्वरूप का बोध कराती है, वहीं यह हमें आभास कराती है कि वास्तव में अनुभूतियों का यह अहसास ही हमारी पसंद और नापसंद का मूलाधार हैं। दूसरे शब्दों में कहें तो सुख या दुःख, आनन्द या कष्ट का अहसास ही हमारे भीतर पसंद और नापसंद को जन्म देता हैं। हमारी यह पसंद और नापसंद एक कदम और आगे बढ़कर हमारे भीतर भय तथा अपराधबोध को जन्म देती हैं। भय और अपराधबोध का यह अहसास परिस्थिति अनुरूप स्वयं को लालच, क्रोध आदि विभिन्न मनोविकारों के रूप में प्रकट करता है। हमारी विकसित चेतना हमें यह समझने में भी सहायता करती है कि हमारी पसंद तथा नापसंद से उत्पन्न होने वाले विभिन्न भावावेग अज्ञानता के अंधकार में निरंतर बढ़ते रहते हैं। इस प्रकार हम जान जाते हैं कि अज्ञानता ही अज्ञानता की जननी है और भावावेग केवल अन्य भावावेगों को ही जन्म देते हैं। यही असंगत और विवेकहीन विचारों तथा अनुभूतियों के दुष्चक्र का मूलाधार है।

अपनी चेतना के उज्ज्वल प्रकाश में जहां एक ओर हम उस कारण का पता लगाने का प्रयत्न करते है कि आखिरकार किस प्रकार और किस कारण से ये भावावेग एक से दो और दो से चार होते हैं, वहीं हम इनपर नियंत्रण करना भी प्रारम्भ कर देते हैं। इस प्रकार हमारी वृद्धिमान चेतना हमारे अनुभवों के प्रभावों को समाप्त करने लगती है। जिस प्रकार ज्ञान से ज्ञान बढ़ता है और आनन्द से आनन्द, ठीक इसी प्रकार चेतना हमारे भीतर और अधिक चेतना को जन्म देती है और हम ज्ञान और चेतना के पथ पर निरन्तर अग्रसर होते हुए भावावेगों के दुष्चक्र पर कुठाराघात करने में सक्षम हो जाते हैं।

सत्य और सत्य के बोध में अंतर होता है क्योंकि सत्य का बोध ज्ञान का क्षेत्र है जबकि सत्य स्वयं चेतना के क्षेत्र से संबंधित है। हमारी चेतना का अभिवृद्धित स्तर इस अंतर को भी कम करता है।

विशुद्ध गोलाभ

जब कोई व्यक्ति असंगत और विवेकहीन विचारों के दुष्चक्र से निकल आता है, भले ही यह एक क्षण के लिए ही हो, उस समय वह स्वत: उस क्षेत्र में प्रवेश कर जाता है जिसे हम विशुद्ध गोलाभ कह सकते हैं। विशुद्ध गोलाभ इसलिए कि इस अंतराल मनुष्य अपने भीतर प्रसन्नता, शांति, दृढ़ता, करूणा जैसे मानवीय गुणों का अनुभव करता है तथा भय, अपराधबोध, क्रोध आदि मनोविकार उसे किसी भी तरह से परेशान नहीं कर पाते। इस विशुद्ध गोलाभ में रहते हुए मनुष्य को न तो समय-समय पर कोई संकल्प लेने आवश्यकता होती है और न ही उसे तोड़ने की। इस स्थिति में उसे आनन्द पाने के लिए किसी भी तरह का प्रयास करने की आवश्यकता ही नहीं रहती। वह बिना कोई विशेष प्रयत्न किए और बिना किसी बाहरी कारण के अपने जीवन में स्वयं आनन्द का अनुभव करता है। यह वह मनोस्थिति है जब मनुष्य का मन पूरी तरह विशुद्ध हो जाता है। मन का यह शुद्धिकरण मनुष्य को नींद में भी चैन प्रदान करने वाला है।

अब हम इस तथ्य का विश्लेषण करते हैं कि वृद्धिमान चेतना के प्रभाव में किस प्रकार अंसगत और विवेकहीन विचारों का यह दुष्चक्र विशुद्ध गोलाभ में परिवर्तित हो जाता है। हमारी वृद्धिमान चेतना हमें बोध कराती है कि हम इस प्रकृति रूपी महाशक्ति के एक अत्यंत सूक्ष्म लेकिन अति महत्वपूर्ण अंग

हैं। इस ज्ञान के साथ ही मनुष्य और प्रकृति के बीच का अंतर धीरे-धीरे कम होने लगता है जो मनुष्य की गलत धारणा के परिणामस्वरूप निर्मित हुआ था। मनुष्य और प्रकृति एक-दूसरे के निकट आ जाते हैं।

इस स्थिति में मनुष्य का प्रकृति के साथ एकात्म स्थापित हो जाता है और अब वह प्रकृति को एक विरोधी शक्ति के स्थान पर एक सम्मानीय और प्राणदायक शक्ति के रूप में समझने लगता है। इस प्रकार मनुष्य अनुभव करने लगता है कि सारी प्रकृति की रचना ईश्वर ने की है और वह स्वयं ईश्वर प्रदत्त सृष्टि का एक छोटा लेकिन महत्वपूर्ण हिस्सा है। इस स्थिति में मनुष्य ऐसा अनुभव करने लगता है कि संपूर्ण प्रकृति उसके पक्ष में हो गई है और इस अनुभूति के साथ ही वह अपने भीतर आत्मविश्वास की पराकाष्ठा का अनुभव करता है। उसका विश्वास अपने चारो ओर विद्यमान लोगों, पदार्थों, वस्तुओं आदि में भी बढ़ जाता है। यह आत्मविश्वास न केवल उसके हृदय से भय को पूरी तरह समाप्त कर देता है बल्कि विवेकहीन, अंसगत विचारों तथा अनुभूतियों के दुष्चक्र को विशुद्ध गोलाभ में परिवर्तित करने में भी सहायता प्रदान करता है।

इस बात का ध्यान रखना भी अति आवश्यक है कि इस दुष्चक्र को एक बार खंडित करना ही पर्याप्त नहीं है। मानव मन चंचल है और उसपर अन्य वस्तुओं, पदार्थों, घटनाओं आदि के आकर्षण का प्रभाव निरन्तर बना रहता है इसलिए उसे विशुद्ध गोलाभ में लगातार बने रहने के लिए निरंतर प्रयासरत रहना होगा। एक बार यदि मनुष्य असंगत, तर्कहीन व विवेकहीन विचारों के दुष्चक्र को तोड़कर उस विशुद्ध गोलाभ में प्रवेश कर जाता है तो भी उसके पुनः दुष्चक्र में लौटने की संभावना बनी रहती है। निस्संदेह वह उस दुष्चक्र में पुनः लौट सकता है और इस प्रक्रिया में वह एक बार फिर अपने आत्म को भूला बैठता है। दृढ़ आत्मविश्वास और निरन्तर प्रयास के द्वारा मनुष्य अपनी चेतना के वृद्धिमान स्तर को बनाकर रख सकता है। इस स्थिति में वह अपने अतीत से किंचित भी परेशान हुए बिना किसी भी कार्य को पूरे उत्साह के साथ करता है तथा अब उसे अपने कार्यों के परिणामों से भी कोई संबंध नहीं होता।

चेतना मनुष्य को न केवल आत्म-बोध में सहायता करती है बल्कि उसे अत्यंत उद्देश्यपूर्ण और संतोषजनक सांसारिक जीवन जीने में भी मदद करती है। विशुद्ध गोलाभ में प्रवेश के साथ ही मनुष्य न केवल जीवन के सतही तनाव को कम कर सकता है अपितु वह अपने भीतर व्याप्त वास्तविक शांति का

अनुभव भी कर सकता है। सतही अशांति और विक्षुब्धता का बोध तभी हो सकता है जब हमने गहरे समुद्र की खामोशी का अनुभव किया हो। चेतना मनुष्य को उसके सच्चे स्वभाव और स्वरूप का बोध कराकर उसे सुखमय जीवन की ओर प्रवृत करती है। चेतना के उज्ज्वल प्रकाश में मनुष्य स्पष्ट रूप से जान लेता है कि प्रसन्नता, शांति, दृढ़ता, करूणा आदि न केवल किसी व्यक्तिविशेष के मूलभूत गुण हैं बल्कि व्यापक स्तर पर ये संपूर्ण जीवनचक्र के अत्यावश्यक घटक भी हैं। जिस विशुद्ध गोलाभ का हम यहां उल्लेख कर रहे हैं वह कोई दुलर्भ, रहस्यमयी या सैद्धान्तिक संकल्पना नहीं है। कोई भी व्यक्ति दृढ़ इच्छाशक्ति और ईमानदारीपूर्ण प्रयास के द्वारा ऐसी मनोस्थिति को प्राप्त कर सकता है जहां कभी भी कुछ भी अवांछनीय नहीं हो सकता। ऐसी स्थिति में पहुंचकर कुछ भी गलत घटने का भय सदा के लिए समाप्त हो जाता है। यही विशुद्ध गोलाभ की स्थिति है।

संबंधों में सजगता उन्हें हर प्रकार की बाध्यताओं से मुक्त रखती है।

अध्याय सात

संबंधों का ताना-बाना

अबतक हम भली-भांति जान चुके हैं कि प्रत्येक जैविक और अजैविक इकाई घटनाओं के निरंतर गतिमान क्रम में एक चेतन या अवचेतन पात्र की भूमिका का निर्वाह करती है। यह जीवन-अस्तित्व को जानने की एक पद्धति है। इसके अतिरिक्त एक ओर भी पद्धति है जिसके द्वारा हम इस सृष्टि में विद्यमान प्रत्येक प्राणी के जीवन-अस्तित्व का परीक्षण कर सकते हैं। इस माध्यम को हम संबंधों का जाल कह सकते हैं। कोई भी व्यक्ति अकेले कुछ भी नहीं कर सकता। उसे अपने हर काम में दूसरों की सहायता की आवश्यकता होती है और दूसरे लोग भी उससे इसी तरह की सहायता की अपेक्षा रखते हैं। मनुष्य स्वभाव और आवश्यकता के अनुसार संबंध स्थापित करता है। कुछ संबंध ऐसे होते हैं जिन्हें हम स्पष्ट देख-समझ सकते है परन्तु कुछ संबंधं अदृश्य होते हैं जिन्हें हम देख नहीं सकते लेकिन फिर भी ये संबंध रहते हैं। इस सृष्टि में सभी जीव और विशेषकर मनुष्य किसी न किसी रूप में एक-दूसरे से संबंधित रहते हैं।

जीवन को हम विभिन्न जड़ और चेतन इकाइयों के बीच स्थापित दृश्य और अदृश्यमान संबंधों का एक व्यापक जाल कह सकते हैं। बिंदु कितने भी हों, जब तक वे आपस में नहीं जुड़ते तब तक वे किसी ताने-बाने का निर्माण नहीं कर सकते। इसी प्रकार कोई भी जीवन-चक्र केवल तभी दीर्घावधि तक अस्तित्व में रह सकता है जब तक सभी जीव स्वयं को एक-दूसरे के साथ संबंधों की डोरी में बांधे हुए हैं। यह भी कह सकते हैं कि यदि सभी जीव संबंधों के ताने-बाने में न बंधे हों तो जीवन का अस्तित्व बहुत जल्द खत्म हो

जाएगा। संबंध और रिश्ते-नाते जीवन का आधार हैं। केवल यही नहीं, जीवन-चक्र की निरन्तरता हमारे भूत, वर्तमान और भविष्य के संबंधों के विचित्र जाल पर टिकी हुई है।

एक बहु-आयामी संकल्पना

जीवन एक-आयामी नहीं है। इसके अनेक पहलु और रूप-आकार हैं। संबंधों का ताना-बाना जीवन का सबसे अधिक महत्वपूर्ण निर्धारक घटक है इसलिए यह भी बहु-आयामी संकल्पना है। इसके भी अनेक पहलू और रूप-आकार हैं। संबंधों के जाल में बंधा हर जीव एक ही समय में अनेक जीवों और वस्तुओं के साथ अपने संबंध बनाता है और इनके अनुरूप अपनी भूमिकाएं भी निभाता है जैसे एक व्यक्ति एक ही समय में देश का नागरिक, किसी धार्मिक समूह का सदस्य, पिता, बेटा, एक चिकित्सक है, आदि-आदि। ये सब संबंध एक ही समय पर साथ-साथ निभाए जाते हैं। ये संबंध संबंधित व्यक्ति से कुछ अपेक्षाएं भी रखते हैं। कभी-कभी इनके द्वारा की गई मांगों तथा अपेक्षाओं में विरोधाभास भी हो सकता है। इन मांगों और अपेक्षाओं के अनुरूप उचित भूमिकाएं निभाना और इनमें संतुलन बनाकर रखना ही जीवन की कला है।

संबंधों की परिवर्तनशीलता

इस संसार में किन्हीं भी दो व्यक्तियों तथा व्यापक स्तर पर कहें तो किन्हीं भी दो जड़ अथवा चेतन इकाइयों के बीच स्थापित कोई संबंध कभी स्थिर नहीं रहता क्योंकि इस सृष्टि में सभी जीव और इकाईयां परिवर्तनशीलता या गतिशीलता के सिद्धांत से बंधे हुए है। इसलिए उनके बीच स्थापित संबंधों पर भी यह परिवर्तनशीलनता का सिद्धांत लागू होता है। इस गतिशीलता या परिवर्तनशीलता को ही जीवन कहा गया है।

संबंध बनाना एक परिवर्तनशील और निरंतर विकसित होने वाला घटनाक्रम है। कई बार जो संबंध देखने में स्थिर दिखाई पड़ते हैं उनमें भी निरंतर परिवर्तन और विकास होता रहता है। मां और बच्चे का रिश्ता भी इसका अपवाद नहीं कहा जा सकता। इस संसार में आने के कुछ महीने बाद तक बच्चा स्वयं को पूरी तरह अपनी मां से जोड़कर देखता है। उसकी अपनी दृष्टि में उसकी मां

ही उसकी पहचान होती है लेकिन जैसे-जैसे वह बड़ा होने लगता है तो उसे अपनी अलग पहचान का अहसास होने लगता है। मां के साथ उसका प्यार का संबंध अनेक रूप-आकार लेने लगता है जैसे प्यार-क्रोध, प्यार-घृणा इत्यादि। यही संबंधों की परिवर्तनशीलता है जो संबंधों या रिश्ते-नातों के सौंदर्य और सार को अभिव्यक्त करती है। संबंधों की परिवर्तनशीलता को समझना और इसके अनुसार समय-समय पर अपने व्यवहार को परिवर्तित करना और सुधारना ही जीवन की वास्तविक चुनौती है।

अमूर्त विचारों के साथ संबंध

इस विश्व में चेतना के माध्यम से कार्य करने वाला प्रत्येक जीव अपने समान दूसरे जीवों तथा अन्य जड़-चेतन इकाइयों के साथ दृश्यमान और अदृश्य संबंध स्थापित करता है। ये संबंध अनेक रूप-आकार लिए होते हैं। चेतनाहीन तथा निर्जीव इकाइयों के बीच स्थापित संबंध केवल उनकी परिस्थितियों पर निर्भर करते हैं जबकि चेतनायुक्त प्राणियों के आपसी संबंधों में उनकी परिस्थितियों के साथ-साथ उनकी स्वाभाविक प्रवृति तथा उनके द्वारा लिए गए निर्णय भी महत्वपूर्ण भूमिका निभाते हैं। चेतनायुक्त प्राणियों में केवल मनुष्य ही एक ऐसा प्राणी है जो न केवल अपने समान अन्य लोगों से संबंध बनाता है बल्कि वह अन्य वस्तुओं, जीवों तथा ईश्वर, देश, समाज, धर्म आदि अमूर्त विचारों और बिंबों के साथ भी भावनात्मक संबंध स्थापित करने में सक्षम है। इन भावानात्मक संकल्पनाओं को अमूर्त और गूढ़ कहने का अभिप्राय यह कदापि नहीं है कि ये संकल्पनाएं इस सृष्टि में विद्यमान पार्थिव जीवों की अपेक्षा कम महत्वपूर्ण हैं अपितु इसका कारण केवल यह है कि प्रकृति द्वारा मनुष्य को प्रदान की गई ज्ञानेन्द्रियां प्रत्यक्ष रूप से इन्हें अनुभव करने में अक्षम हैं। हम इन्हें केवल अपने मन में महसूस कर सकते हैं। यही कारण है कि इन्हें अमूर्त विचार या प्रतिबिम्ब कहा गया है। कोई भी अमूर्त रिश्ता उतना ही मजबूत और महत्वपूर्ण हो सकता है जितना कि दो जीवों के बीच आपसी संबंध।

अधिकार एवम् कर्त्तव्य

किसी भी संबंध को निभाने और कायम रखने के लिए आवश्यक है कि संबंधित व्यक्ति उस संबंध को बनाए रखने के लिए प्रयास करें तथा अपनी-अपनी

भूमिकाओं को निभाएं। जब कोई व्यक्ति किसी संबंध को बनाए रखने के लिए अपनी भूमिका का निर्वाह करता है तो वह भूमिका बदले में उसे एक विशेषाधिकार प्रदान करती है। इस विशेषाधिकार का प्राप्त होना या न होना केवल उस भूमिका पर ही निर्भर नहीं करता है बल्कि यह उसे निभाने के ढंग पर भी निर्भर करता है। यह भी सत्य है कि कोई भी विशेषाधिकार एकाकी रूप में अधिक समय तक बना नहीं रह सकता। हर अधिकार के साथ कुछ कर्त्तव्य और उत्तरदायित्व जुड़े होते हैं जिन्हें निभाना अत्यावश्यक है। वास्तव में अधिकार के भीतर ही कर्त्तव्य छुपा होता है। अधिकार और कर्त्तव्य एक-दूसरे के अभाव में अपना अस्तित्व बनाकर नहीं रख सकते।

यह आवश्यक नहीं है कि हर संबंध या रिश्ता आदान-प्रदान अर्थात कुछ लेने व कुछ देने की शर्त पर ही आधारित हो। लेकिन यह भी सत्य है कि एकतरफा लेने या देने की भावना पर आधारित रिश्ता अधिक समय तक नहीं चल पाता और शीघ्र समाप्त हो जाता है। स्पष्ट शब्दों में कहें तो हर रिश्ते में कुछ न कुछ लेना या देना चलता रहता है और यह भावना उस रिश्ते के भीतर ही समाहित होती है।

दुर्भाग्यवश कई बार संबंधों के वास्तविक स्वरूप और प्रकृति के प्रति हमारी अज्ञानता के परिणामस्वरूप हमारे संबंध और उनको बनाए रखने के लिए हमारे द्वारा निभाई गई भूमिकाएं दोनों गलत स्वरूप ले लेते हैं। हमारा जोर अपने संबंधों के एक पक्ष पर होता है जबकि उसके दूसरे पक्ष को हम भुला देते हैं। कभी-कभार हम अपने पुराने और लम्बे समय तक चलने वाले संबंधों की तुलना में उन संबंधों को अधिक महत्व देने लगते हैं जो हमें क्षणिक भौतिक लाभ और शारीरिक सुख प्रदान करते हैं । कभी-कभार हम भौतिक क्षेत्र के अपने अधिकारों और कर्त्तव्यों को भुलाकर एक ऐसे आत्मिक सुख की ओर भागते हैं जो एक धोखा मात्र सिद्ध होता है। दोनों ही स्थितियों में आत्मिक सुख और भौतिक सुख के बीच का संतुलन बिगड़ जाता है।

दूसरी ओर वृद्धिमान चेतना के उज्ज्वल प्रकाश में हमारे संबंधों की सम्पूर्ण कड़ी जगमगा उठती है। इस उज्ज्वलता के परिणामस्वरूप हमारे द्वारा निभाई जाने वाली भूमिकाएं स्पष्टत: निर्धारित हो जाती हैं। इस स्थिति में हम अपनी स्वभाविक प्रवृति के स्थान पर अपनी पसंद के आधार पर संबंध बनाने लगते

हैं। स्पष्ट शब्दों में कहें तो अब मनुष्य अपने विशेषाधिकारों की हद तथा अपनी भूमिका के उत्तरदायित्व के महत्व को जानने में सक्षम हो जाता है।

इस प्रकार की स्थिति मधुर पारस्परिक संबंधों की मजबूत आधार-भूमि को तैयार करती है जिसके परिणामस्वरूप मनुष्य और अधिक संतुष्ट हो जाता है और समाज में स्थिरता आती है।

ईश्वर के समक्ष बिना शर्त पूर्ण समर्पण
हमें अपनी सभी कमजोरियों और दुर्बलताओं
पर विजय दिलाता है।

★

प्रभु उसे प्यार करते हैं जो मानवता
को प्यार करता है।

अध्याय आठ

कुछ महत्वपूर्ण प्रश्नों के उत्तर

एक प्रयास

प्रश्न 1. यदि किसी व्यक्ति के ईश्वर के साथ संबंध उसका व्यक्तिगत मामला है तो ऐसी स्थिति में संगठित धर्म अर्थात् सम्प्रदाय क्या भूमिका निभा सकता है?

उत्तर–इतिहास को साक्षी मानकर बात करें तो कहा जा सकता है कि संगठित धर्म ने सदा मनुष्य और मनुष्य के बीच फूट डालने का काम किया है। आज भी धर्म के नाम पर यही कार्य किया जा रहा है। संगठित धर्म समाज में एक ऐसे पराश्रित वर्ग की उत्पत्ति और विकास में भी सहायक सिद्ध हुआ है जो ईश्वर और मनुष्य के मिलन के मार्ग में बाधा उत्पन्न करने का प्रयास करता है। ये बाधाएं आज हर समाज में रूढ़ियों, कुरितियों और अंधविश्वासों आदि के रूप में व्याप्त हैं। कभी-कभी धार्मिक कट्टरता मनुष्य पर इस प्रकार हावी हो जाती है कि इस सृष्टि की अनुपम रचना होने के बावजूद मनुष्य भूल जाता है कि धर्म रूपी व्यवस्था की उत्पत्ति स्वयं उसी ने की है। वह अपने ही द्वारा बनाए गए धर्म की भूल-भुलैया में फंस जाता है। मनुष्य वास्तविकता स्वरूप है जबकि धर्म मनुष्य की एक पहचान है। धार्मिक कट्टरता के कारण अनेक बार यह रूप-आकार या पहचान वास्तविकता से अधिक महत्वपूर्ण दिखाई देने लगती है।

धर्म मानवता के मानचित्र पर काल्पनिक रेखाएं उकेरने का कार्य करता है। यह कुछ ऐसे विशेष समूहों और सभाओं का निर्माण भी करता है जिसके सदस्यों को सिखाया जाता है कि अन्य सभाओं, समूहों या धर्मों को मनाने वाले

Dipak Das

लोग उनकी तुलना में कम महत्त्वपूर्ण है तथा उनसे हीन हैं। केवल यही नहीं, धार्मिक कट्टरता के प्रभाव में भूकंप जैसी प्राकृतिक आपदाओं का भी स्वागत किया जाता है यदि उससे मरने वाला एक विशाल जनसमूह किसी अन्य धर्म या समुदाय से संबंध रखता है।

प्राय: प्रत्येक संगठित धर्म किसी व्यक्तिविशेष के उपदेशों पर आधारित होता है। यह धर्म अपने लिए अपनी पंसद के एक काल्पनिक ईश्वर की सृष्टि करता है तथा इस संबंध में आशा भी करता है कि सभी उस संगठित धर्म द्वारा निर्धारित कल्पित ईश्वर में विश्वास करें तथा उसके उपदेशों और मान्यताओं का पालन करें। यहां जो बात महत्त्व रखती है वह यह कि किसी कल्पित ईश्वर के स्थान पर मनुष्य स्वयं अपने आप पर और अपने वास्तविक ईश्वर में कितना विश्वास रखता है तथा उसकी यह आस्था कितनी गहरी और निर्मल है। यद्यपि यहां इस सत्य से भी इन्कार नहीं किया जा सकता कि सामाजिक और सांस्कृतिक शक्ति के रूप में धार्मिक प्रथाओं में अनेक सम्भावनाएं मौजूद रहती हैं।

यदि ज्ञानी लोग बुद्धि और विवेक के साथ धर्म रूपी उपकरण का प्रयोग करते हैं तो यह सामाजिक और सांस्कृतिक क्षेत्र में काफी साकारात्मक भूमिका निभा सकता है। हालांकि यह स्पष्ट है कि किसी व्यक्ति की बौद्धिक और आध्यात्मिक उपलब्धियों में धर्म का कोई बड़ा या महत्वपूर्ण योगदान नहीं होता।

प्रश्न 2. अच्छा क्या है और बुरा क्या है? सही क्या है और गलत क्या है? नैतिक क्या है और अनैतिक क्या है?

उत्तर—इस सृष्टि में किसी भी व्यक्ति, जीव, पदार्थ, घटना आदि को सम्पूर्ण तथा स्थाई रूप से अच्छा या बुरा, सही या गलत, नैतिक या अनैतिक नहीं कहा जा सकता। प्रत्येक इकाई किसी निर्धारित समय पर प्रकृति के एक रूप को प्रकट करती है फिर चाहे वह जड़ हो या चेतन। कोई भी कार्य और उसके परिणामस्वरूप घटित होने वाली घटना और ऐसी घटनाओं से उत्पन्न होने वाले रूप के परिवर्तन सभी प्रकृति की गतिशीलता और परिवर्तनशीलता को प्रकट करते हैं। हम सब प्रकृति के अंश रूप है और जो भी हम करते है या जो भी कुछ घटित होता है वह सब इस प्रकृति की कार्यप्रणाली का एक हिस्सा है। फिर किस प्रकार कोई व्यक्ति, जीव या पदार्थ अच्छा या बुरा, सही या गलत, नैतिक या अनैतिक हो सकता है?

यद्यपि समग्र रूप में किसी को अच्छा या बुरा, नैतिक या अनैतिक नहीं कहा जा सकता तथापि तुलनात्मक दृष्टि से इसे समझने का प्रयास करें तो कहा जा सकता है कि इस संसार में किसी भी वस्तु, घटना, कार्य आदि का आंकलन और अवलोकन करने के सदा दो दृष्टिकोण होते हैं:- पहला व्यक्तिपरक और दूसरा समष्टिपरक।

इस सृष्टि में प्रत्येक जीव और विशेषकर मनुष्य को यह अधिकार प्राप्त है कि वह अपने व्यक्तिगत दृष्टिकोण के अनुरूप विभिन्न वस्तुओं, जीवों, घटनाओं आदि के संबंध में अपनी धारणा बना सकता है और उन्हें अच्छा या बुरा, नैतिक या अनैतिक, सही या गलत, जैसा उसे उचित लगे वैसा नाम दे सकता है। लेकिन यह लेबल या नामकरण व्यक्ति, परिस्थितियों, स्थान और समय के अनुसार भिन्न-भिन्न हो सकता है। किसी घटना या वस्तु आदि के संबंध में एक व्यक्ति जो धारणा बनाता है दूसरा उसके विषय में वैसा नहीं सोचता। किसी निश्चित समय पर यदि कोई घटना या कार्य एक व्यक्ति की दृष्टि में गलत और अनैतिक है तो दूसरे के लिए वह सही और नैतिक भी हो सकता है। यही व्यक्तिपरक दृष्टिकोण है।

व्यक्तिपरक दृष्टिकोण में अनिश्चितता बने रहने का एक कारण और भी है। प्राय: मनुष्य अपने स्वार्थ को ध्यान में रखते हुए किसी वस्तु, कार्य, घटना आदि के बारे में अपनी धारणा बनाता है और उसे सही या गलत, अच्छा या बुरा, नैतिक या अनैतिक नाम देता है। प्राय: हम यह जान ही नहीं पाते कि किसी निश्चित समय पर जिसे हम अपना व्यक्तिगत हित या स्वार्थ मान रहे हैं क्या वह वास्तव में उस समय हमारे लिए लाभदायक है या नहीं। इस प्रकार अपने व्यक्तिगत हित और स्वार्थ को लेकर भी मनुष्य की सोच में परिवर्तन आता रहता है। उसके द्वारा किसी व्यक्ति, वस्तु, घटना आदि के संदर्भ में सही या गलत, अच्छा या बुरा, नैतिक या अनैतिक के रूप में बनाई गई धारणा उसके व्यक्तिगत हित से प्रभावित रहती है इसलिए इसमें भी बदलाव की सम्भावना बनी रहती है।

किसी भी जनसमुदाय द्वारा एक मत से बनायी गई कोई भी धारणा समष्टिपरक धारणा कहलाती है। इसे हम सामूहिक धारणा भी कह सकते है। तुलनात्मक आधार पर बात करें तो सामूहिक धारणा व्यक्तिपरक धारणा की अपेक्षा अधिक स्थाई होती है। इसमें शीध्र परिवर्तन नहीं होता। हां, यदि यह सामूहिक विचार या धारणा धर्म, जाति, वर्ग, राष्ट्र आदि भावनाओं से प्रभावित

है तो निस्संदेह यह संकुचित धारणा होगी। ऐसी किसी भी धारणा में परिवर्तन की सम्भावना से इंकार नहीं किया जा सकता। लेकिन इसके बावजूद यह सत्य है कि समष्टिपरक विचार व्यक्तिगत विचार की तुलना में अधिक स्थाई होता है।

जब व्यक्तिपरक और समष्टिपरक विचारों और धारणाओं में अस्थिरता की संभावना बनी रहती है तो प्रश्न उठता है कि वह कौन सी कसौटी है जिसके आधार पर हम किसी भी व्यक्ति, वस्तु, कार्य, घटना आदि के संबंध में कोई स्थाई धारणा बना सकते हैं और उन्हें सही या गलत, अच्छा या बुरा, नैतिक या अनैतिक नाम या लेबल दे सकते हैं?

निस्संदेह एक कसौटी है। यदि कोई कार्य, वस्तु या घटना प्रकृति के सिद्धांतों के अनुरूप है तो वह अच्छी है, सही है तथा नैतिक है और यदि ऐसा नहीं है तो हम उसे अनैतिक, बुरी और अनुचित कहेंगे।

लेकिन प्रकृति के सिद्धांत क्या हैं? निस्संदेह ये सिद्धांत हैं–प्रसन्नता, शांति, मनोबल, करूणा, दया आदि। वास्तव में ये हमारे आत्म के मूलभूत गुण हैं। हमारे द्वारा किया गया कोई भी कार्य उचित और नैतिक कहा जाएगा यदि उस कार्य को करने के पीछे हमारी मानसिकता ऐसे परिणाम प्राप्त करने की है जिनके द्वारा आत्म के मूलभूत गुणों में वृद्धि हो। किसी कार्य के परिणामों को सही–गलत या अच्छा–बुरा लेबल देने के लिए भी हम इस मानदंड को प्रयोग में ला सकते हैं।

सहस्त्रों वर्षों के क्रमिक विकास के परिणामस्वरूप प्रकृति ने विभिन्न प्रणालियों और उपप्रणालियों के एक जटिल तंत्र को विकसित किया है। ये प्रणालियां और उपप्रणालियां न केवल परस्पर संबंधित हैं अपितु अपने अस्तित्व के लिए एक–दूसरे पर निर्भर भी करती हैं तथा साथ ही पूर्ण समन्वय के साथ कार्य भी करती हैं। इन प्रणालियों के बीच स्थापित संतुलन और समन्वय ही जीवन का सार है। इसे हम अपने आत्म के मूलभूत गुणों जैसे खुशी, सुख–शांति आदि का पर्याय कह सकते हैं।

कोई भी कार्य जो प्रकृति की किसी प्रणाली या उपप्रणाली की कार्यव्यवस्था तथा इनके बीच स्थापित संतुलन को प्रभावित करता है या उसमें गतिरोधक बनता है तो निश्चित रूप से उसे सही या नैतिक नहीं कहेंगे। इसी प्रकार ऐसे कार्यों के परिणाम भी कभी सही नहीं होते। उदाहरण के लिए प्रकृति ने एक ऐसी प्रणाली को विकसित किया है जो निरंतर आक्सीजन का पुनर्निमाण करती

है। प्रकृति की यह प्रणाली पृथ्वी पर जीवन को बनाए रखने के लिए अत्यावश्यक है। किसी भी व्यक्ति या समूह द्वारा किया गया कोई भी कार्य यदि इस प्रणाली की कार्यव्यवस्था में बाधक बनता है या इसे क्षति पहुंचाता है तो उसे सही या नैतिक नहीं कहा जा सकता। एक और उदाहरण लेते हैं–प्रकृति की एक प्रणाली है जो सूर्य की किरणों को पृथ्वी तक पहुंचने में मदद करती है तथा साथ ही यह प्रणाली सूर्य के हानिकारक प्रभावों को वायुमंडल में प्रवेश से रोकती है। इस प्रकार यह प्रणाली सभी जीवों को सूर्य के हानिकारक प्रभावों से बचाती है। यदि कुछ लोग अपने क्षणिक सुख के लिए वायुमंडल की ओजोन परत को क्षति पहुंचाते हैं तो उनके द्वारा किया गया ऐसा कोई भी कार्य न केवल अनुचित और अनैतिक है बल्कि वह सभी के लिए आत्मघात के समान भी है।

मनुष्य सर्वव्यापी प्रकृति का एक अंश है। मानव शरीर की अपनी एक प्रणाली है जो प्रकृति की प्रणाली के अनुरूप कार्य करती है। यदि हम कोई अप्राकृतिक कार्य करते हैं तो इसका दुष्प्रभाव न केवल हमारे शरीर और मन पर पड़ता है बल्कि इससे हमारे शरीर की आन्तरिक प्रणालियों के बीच स्थापित संतुलन में भी गतिरोध उत्पन्न होता है। एक उदाहरण के साथ इस वास्तविकता को समझने का प्रयास करते हैं। प्राय: देखा गया है कि मनुष्य सच को जानते हुए भी झूठ का सहारा लेता है। उस झूठ को छुपाने के लिए उसे सौ झूठ और बोलने पड़ते हैं। ऐसी स्थिति में उसे मानसिक तनाव और उलझन से भी गुजरना पड़ता है। इस मानसिक तनाव का सीधा असर हमारे शरीर पर पड़ता है। हमारे शरीर की प्रकृति है कि हमारी आंखें जैसा देखती हैं वे उस संदेश को ठीक उसी रूप में हमारे मस्तिष्क तक पहुंचाती है और मष्तिष्क उस संदेश को शरीर के अन्य भागों तक पहुंचाता है। लेकिन जब हम सच को जानते हुए भी झूठ बोलते हैं तो यह हमारे शरीर की संपूर्ण प्रणाली को प्रभावित कर उसमें गतिरोध उत्पन्न करता है। अत: कहा जा सकता है कि झूठ बोलना गलत बात है। चोरी करना, बेईमानी करना आदि भी झूठ बोलने के समान गलत कार्य हैं क्योंकि ये भी समान रूप से हमारे शरीर की प्रकृति के विपरीत हैं।

किसी भी घटना, कार्य या वस्तु इत्यादि के संबंध में कोई भी निर्णय लेने का एकमात्र और विश्वसनीय मानदंड केवल यही है कि क्या वह घटना, कार्य और वस्तु प्रकृति के द्वारा स्थापित पद्धति व प्रणाली के अनुकूल है अथवा नहीं।

प्रश्न 3. इस संसार में कोई गोरा है तो कोई काला, कोई शक्तिशाली तो कोई कमजोर, कोई धनवान तो कोई गरीब। मनुष्य को अपने विकास के समान अवसर उपलब्ध नहीं हैं। क्या इस आधार पर प्रकृति की प्रणाली को भेदभावपूर्ण कहा जा सकता है? इन असमानताओं के बावजूद किस प्रकार प्रकृति की प्रणाली सर्वश्रेष्ठ है?

उत्तर–विविधता जीवन का सार है। यदि विविधता नहीं है तो जीवन नीरस और निरर्थक हो जाएगा। इस संसार में हम सभी अलग-अलग रंग, रूप, आकार लिए हुए हैं। कल्पना कीजिए यदि हम सभी एक-समान हों। निस्संदेह ऐसी स्थिति में जीवन पुनरावृत्ति बनकर रह जाएगा। विविधता और विषमताओं में ही जीवन का सौन्दर्य छिपा हुआ है। प्रकृति निरंतर परिवर्तन चाहती है। यदि जीवन की सार्थकता को बनाकर रखना है तो निस्संदेह सभी जीवों, वस्तुओं, कार्यों और घटनाओं में विविधता अत्यावश्यक है। निरंतर परिवर्तन प्रकृति का शाश्वत नियम है, ऐसी स्थिति में सभी जीव और विशेषकर मनुष्य न केवल एक-दूसरे से भिन्न होंगे बल्कि उनकी परिस्थितियां भी भिन्न होंगी। अपनी-अपनी प्रकृति और परिस्थिति के अनुसार कोई व्यक्ति शक्तिशाली है तो कोई कमजोर, कोई गोरा है तो कोई काला। हर व्यक्ति अपने आप में अनूठा है तथा दूसरों से भिन्न होने के कारण वह अपने आप में विशेष है।

जीवन के सौन्दर्य को कायम रखने के लिए प्रकृति ने अपने नियमों के अनुसार हमें अलग-अलग बनाया है। प्रकृति किसी के साथ भेदभाव नहीं करती, चाहे वह मनुष्य हो या कोई अन्य जीव।

मनुष्य अपने जीवन में जो कुछ सीखता है तथा जो कुछ उसे सिखाया जाता है उसके आधार पर वह दूसरों के साथ अपनी तुलना करते हुए स्वयं को दूसरों से श्रेष्ठ या हीन समझता है, जैसे हमें बताया गया है कि काला रंग बुरा होता है जबकि गोरा रंग अच्छा तथा कमजोर बेचारा होता है जबकि शक्तिशाली पूजनीय। मानव मन में बनी ये धारणाएं हमारी व्यक्तिगत सोच पर हावी हो जाती हैं। निस्संदेह ये व्यक्तिगत धारणाएं हैं जो आज सामाजिक धारणाएं बन चुकी हैं। इस संसार में हर व्यक्ति दूसरे की तुलना में अच्छा या बुरा, कमजोर या शक्तिशाली, साधनसम्पन्न या साधनहीन है। लेकिन क्या इस आधार पर दूसरों से अपनी तुलना करना पूरी तरह सही कहा जा सकता है? प्रकृति ने इस सृष्टि में अनेक जीवों की उत्पत्ति की है लेकिन वास्तविकता यह है कि यहां कुछ भी चिरस्थाई नहीं है। हर कहीं निरन्तर परिवर्तन की प्रक्रिया चल रही है।

ऐसी स्थिति में किस प्रकार किसी व्यक्ति की तुलना दूसरे व्यक्ति से की जा सकती है। कौन किसके साथ प्रतिस्पर्धा में है? केवल वही लोग जीवन के सच्चे सुख का आनन्द ले सकते हैं जो सोचते हैं कि वे जैसे हैं अच्छे हैं। वास्तव में उनका यही संतोष उनके जीवन में सुख का आधार होता है। लेकिन यहां हमें यह भी याद रखना होगा कि यदि इंसान को निरंतर गतिशील प्रकृति के साथ कदम से कदम मिलाकर चलना है तो उसे भी उतना ही तेज गति से चलते रहना होगा।

कभी-कभी हमारा कोई दोष, कमी या फिर कोई प्रतिकूल परिस्थिति हमारे समस्त व्यक्तित्व पर हावी हो जाती है। इस संबंध में हमें कभी भी यह नहीं भूलना चाहिए कि कोई भी दोष या प्रतिकूल परिस्थिति, चाहे वह कितनी भी वास्तविक हो, जीवन का एक छोटा-सा हिस्सा मात्र होती है। इस बात को ध्यान में रखते हुए हमें अपनी योग्यता या किसी भी अनुकूल परिस्थिति का हर संभव लाभ उठाना चाहिए।

यहां मैं एक बार फिर इस बात को दोहराना चाहूंगा कि प्रकृति किसी के भी साथ भेदभाव नहीं करती। हर व्यक्ति में कुछ गुण होते हैं और कुछ कमियां भी। अपनी योग्यताओं, गुणों और शक्ति का पूरा उपयोग करना तथा कमजोरियों पर काबू पाना इसी में जीवन की कला है।

जीवन में व्याप्त विविधता और विषमताओं के इस मुद्दे को एक और तरह से भी समझा जा सकता है। मनुष्य जीवन में अनेक प्रकार की परिस्थितियों का सामना करता है। ये परिस्थितियां दो तरह की हो सकती हैं- पहली आरामदायक और दूसरी चुनौतिपूर्ण। आरामदायक परिस्थिति वह है जिसमें मनुष्य को अधिक प्रयास किए बिना इच्छित परिणाम मिल जाते हैं, जबकि चुनौतिपूर्ण परिस्थिति वह है जिसमें अधिक से अधिक प्रयास करने के बाद भी मनुष्य मनवांछित परिणाम प्राप्त नहीं कर पाता। आरामदायक परिस्थितियों में आसानी से मनुष्य की इच्छाएं पूरी हो जाती हैं इसलिए ऐसी परिस्थितियों को अच्छा और अनुकूल समझा जाता है जबकि दूसरी ओर चुनौतिपूर्ण परिस्थितियों को कष्टदायक और प्रतिकूल समझा जाता है। ऐसा इसलिए है क्योंकि चुनौतिपूर्ण परिस्थितियों में हमें अपने लक्ष्य को पाने के लिए कठोर परिश्रम करना पड़ता है।

निस्संदेह कोई भी आरामदायक परिस्थिति अच्छी और अनुकूल लगती है लेकिन इसकी भी हमें भारी कीमत चुकानी पड़ती है। यदि मनुष्य के जीवन में केवल आराम ही आराम हो और वह बिना अधिक शारीरिक और मानसिक

परिश्रम किए हर प्रकार के सुखों का आनन्द उठा सकता हो तो ऐसी स्थिति में उसकी शारीरिक और मानसिक क्षमता कम हो जाती है। उस व्यक्ति का उदाहरण लेते है जो बहुत कम पैदल चलता है और अधिकतर वातानुकूलित कार में ही आता-जाता है। क्या कभी ऐसा व्यक्ति किसी मुसीबत के समय भागकर अपनी जान बचा सकता है? इसी प्रकार हम यदि अपने मस्तिष्क का अधिक प्रयोग नहीं करते हैं तो हमारी मानसिक क्षमता कम हो जाती है। वस्तुत: सुख-सुविधा संपन्न जीवन नीरस होता है। जीवन का सच्चा आनन्द इसकी चुनौतियों में है। चुनौतिपूर्ण परिस्थितियां मनुष्य को अपनी योग्यता को प्रमाणित करने का अवसर प्रदान करती हैं। चुनौतियों का सामना करने पर ही मनुष्य शारीरिक और मानसिक तौर पर मजबूत बनता है। लेकिन इसके बाद भी यह कहना कठिन है कि आरामदायक या चुनौतिपूर्ण परिस्थितियों में से कौन सी परिस्थिति किस समय किसी व्यक्ति के लिए अधिक लाभप्रद और हितकारी है।

यह भी सच है कि किसी भी परिस्थिति के लिए यह नहीं कहा जा सकता कि वह पूरी तरह आरामदायक है या फिर पूरी तरह चुनौतिपूर्ण। जीवन सदा प्रवाहमय रहता है और यह दो भिन्न पहलूओं का सम्मिलित रूप है अर्थात् हर परिस्थिति में कोई न कोई चुनौति भी होती है और आराम भी । इसलिए किसी भी परिस्थिति को पूरी तरह अच्छा या बुरा, सही या गलत, संगत या असंगत नहीं कहा जा सकता। यह मनुष्य द्वारा बनाई गई एक तुच्छ धारणा मात्र है कि यह वस्तु अच्छी है और वह बुरी, यह काम नैतिक है और वह अनैतिक। इस समस्त विचार विमर्श के बाद भी यही निष्कर्ष निकलता है कि प्रकृति किसी के प्रति भेदभाव नहीं करती।

प्रकृति को किसी भी प्रकार से दोषपूर्ण नहीं कहा जा सकता। इसके नियम सुस्पष्ट और सुनिश्चित हैं। ये नियम सार्वभौमिक है और जाति, धर्म, वर्ग, रंग आदि का भेदभाव किए बिना सभी पर एक समान रूप से लागू होते हैं। यदि हमें ऐसा प्रतीत होता है कि प्रकृति की कार्यप्रणाली दोषपूर्ण और भेदभाव पर आधारित है तो निस्संदेह यह हमारा अज्ञान है।

प्रश्न 4. क्या मूल पदार्थ तथा उसकी छवि अर्थात् चेतना और शरीर व मन की संगठित संरचना के बीच तुलना संभव है?

उत्तर–चेतना मूल वास्तविकता है और हम सभी उसके रूप मात्र हैं। बिना मूल पदार्थ के रूप और आकार की कल्पना करना भी असंभव है जबकि इनके

अभाव में मूल पदार्थ स्वयं को अभिव्यक्त नहीं कर सकता। जीवन को बनाए रखने में दोनों का समान योगदान है। दोनों ही समान रूप से महत्वपूर्ण है।

यदि दोनों ही महत्वपूर्ण हैं तो प्रश्न उठता है कि इन दोनों में से कौन अधिक वास्तविक है- मूल पदार्थ या फिर उसका रूप और आकार। यदि मूल पदार्थ एक स्थाई वास्तविकता है तो रूप और आकार को वर्तमान क्षण की वास्तविकता कहा जाएगा। किसी निर्धारित समय पर दोनों एक-दूसरे की तरह वास्तविक हैं। दोनों में से यदि किसी एक का भी महत्व कम आंका जाता है तो यह घातक सिद्ध हो सकता है। मूल पदार्थ यानि चेतना इस सृष्टि में सदा किसी न किसी रूप में विद्यमान थी और आगे भी रहेगी। मूल पदार्थ चिरस्थाई है जबकि रूप-आकार निरन्तर प्रवाहमय रहता है तथा इसमें निरन्तर परिवर्तन की प्रक्रिया चलती रहती है।

प्रश्न 5. किसी व्यक्ति के दिन-प्रतिदिन के जीवन में उसके अनुभवों के प्रभाव क्या भूमिका निभाते हैं?

उत्तर—किसी व्यक्ति का व्यवहार उसकी परिस्थितियों से अधिक उसके अवचेतन मन द्वारा निर्धारित होता है। ज्ञातव्य है कि अवचेतन मन किसी भी व्यक्ति के मन का वह भाग है जहां उसके अनुभवों के साथ-साथ अनुभवों के प्रभाव भय और अपराधबोध के रूप में संचित रहते हैं। अनुभवों के ये प्रभाव समय-समय पर क्रोध, लालच, ईर्ष्या आदि के रूप में प्रकट होते रहते हैं। मनुष्य प्राय: स्वयं को विभिन्न परिस्थितियों में घिरा पाता है। वह चाहे जैसी भी परिस्थिति में हो उसके अनुरूप अनुभूतियां, जो अतीत के किसी अनुभव के प्रभावस्वरूप उसके अवचेतन मन में संचित रहती हैं, अकस्मात उसके मन के धरातल पर प्रकट होकर उसके व्यवहार को निर्धारित करती हैं। जब किसी व्यक्ति की इच्छाएं पूरी नहीं होती तो वह कुंठा और संत्रास का शिकार हो जाता है। ऐसी स्थिति में यदि उस व्यक्ति में दृढ़-इच्छाशक्ति का अभाव है तो उसके अवचेतन मन में संचित क्रोध अचानक उमड़ पड़ता है। वह व्यक्ति अपने आप तथा अपने आसपास के लोगों पर क्रोध करने लगता है। क्रोध एक विशेष परिस्थिति में प्रकट होता है इसलिए मनुष्य अपने मन में संचित मनोविकारों के स्थान पर उस परिस्थिति विशेष को अपने क्रोध के लिए उत्तरदायी मानने लगता है। जबकि वास्तविकता यही है कि अवचेतन मन में संचित ये अनुभूतियां ही हमारे व्यवहार को निर्धारित करती हैं।

यदि मनुष्य को अनुभवों के प्रभावों की सच्ची प्रकृति का ज्ञान है और उसमें दृढ़-इच्छाशक्ति है तो वह निश्चित ही अनुभवों के प्रभावों और इनसे होने वाली क्षति से स्वयं को बचा सकता हैं। वृद्धिमान चेतना के द्वारा मनुष्य दृढ़-इच्छाशक्ति और सच्चे ज्ञान को प्राप्त कर सकता है। इस प्रकार वह अपने व्यवहार पर बाह्य परिस्थितियों के प्रभाव को काफी सीमा तक कम कर सकता है।

प्रश्न 6. मनुष्य के दिन-प्रतिदिन के जीवन में चेतना की क्या भूमिका है?

उत्तर—वृद्धिमान चेतना मनुष्य के संपूर्ण जीवन की दिशा को बदल सकती है। एक छोटे से उदाहरण से इसे समझने का प्रयास करते हैं, यदि कोई व्यक्ति अपनी सांसों के प्रति जागरूक हो जाता है तो वह तुरंत अनुभव करेगा कि उसने अभी तक प्रकृति द्वारा उसे उपलब्ध कराई गई उस श्रेष्ठ मशीन का ठीक तरह से उपयोग नहीं किया है जिसे फेफड़ें कहते हैं। अपनी इस चेतना के प्रभाव में वह व्यक्ति गहरी सांसे लेने लगता है जिसका साकारात्मक प्रभाव निश्चित ही उसके शरीर और मन की संरचना पर पड़ता है।

वृद्धिमान चेतना के प्रभाव में हर तरह का तनाव भी कम होता है क्योंकि जब व्यक्ति सचेत हो जाता है तथा प्रकृति और इसके संपूर्ण तंत्र के प्रति उसकी चेतना में वृद्धि हो जाती है तो ऐसी स्थिति में अनुभवों के प्रभाव उसके सम्मुख स्वयं प्रकट होकर नष्ट होने लगते हैं। ये अनुभवों के प्रभाव ही हर प्रकार के तनाव का मूल कारण हैं। निर्लेप एकाग्रचित्तता को सजगता के लिए परमावश्यक कहा गया है।

वृद्धिमान चेतना के प्रभाव में मनुष्य सूक्ष्म और बृहत् स्तरीय अहं के बीच के भेद को भी भली-भांति समझने लगता है तथा साथ ही उसके स्वयं तथा बाह्य संसार को देखने-समझने के नजरिये में व्यापकता आ जाती है। इस प्रकार वृद्धिमान चेतना के प्रभाव में मनुष्य के मन में छायी तुच्छता और हीनता भी नष्ट हो जाती है।

ज्ञान प्राप्ति का मार्ग ऐसा है जिसका कोई अन्त नहीं है। हां, इसका प्रारम्भ अवश्य है। मनुष्य जितना ज्ञान प्राप्त करेगा उसकी चेतना में उतनी ही वृद्धि होती जाएगी। कोई भी व्यक्ति किसी भी समय इस मार्ग पर अपनी यात्रा प्रारम्भ कर सकता है। लेकिन ध्यान रहे, इस मार्ग पर रखा गया पहला कदम ही सबसे महत्वपूर्ण कदम होता है।

इस बात को हमें पहले से ही समझ लेना चाहिए कि हमारी बढ़ी हुई चेतना जीवन की सभी बाधाओं और कठिनाइयों को दूर नहीं कर सकती। यह हमें केवल इन बाधाओं या कठिनाइयों का दृढ़तापूर्वक सामना करने हेतु सक्षम बनाती है।

प्रश्न 7. किसी व्यक्ति के जीवन में समय का क्या महत्व है?

उत्तर—किसी एक समय में किसी घटना विशेष के संबंध में जो अनुभूतियां हमारे मन में प्रकट होती हैं किसी अन्य समय पर उन अनुभूतियों में कोई परिवर्तन नहीं किया जा सकता, फिर चाहे कैसी भी परिस्थितियां क्यों न हों। उदाहरण के लिए यदि आज हम प्रसन्नता और आनन्द का एहसास कर रहे हैं तो ऐसा नहीं है कि जिस दु:ख और पीड़ा को हम अतीत में अनुभव कर चुके हैं उसे हम भूल जाएंगे या वर्तमान आनन्द या प्रसन्नता के प्रभाव से वह दु:ख व पीड़ा की अनुभूति नष्ट हो जाएगी। कोई भी दो घटनाएं चाहे उनमें अति लघु अंतराल हो अपनी सभी अनुभूतियों और संवेदनाओं के साथ एक-दूसरें के प्रभाव को नष्ट करने में सक्षम नहीं होती। हर घटना अपने चिह्न हमारे मन रूपी धरातल पर सदा के लिए छोड़ जाती है और ये चिह्न तब तक बने रहते हैं जब तक हम जीवित हैं। कहा जा सकता है कि जो व्यक्ति अतीत की यादों और भविष्य के सुनहरी सपनों में खोए रहते हैं वे वास्तव में अज्ञानियों की भांति जीवन जीते हैं। हमें वर्तमान में रहकर एक सजग-सचेत इंसान की तरह जीवन जीना चाहिए।

प्रश्न 8. किसी व्यक्ति के जीवन में गलतियों का क्या योगदान है?

उत्तर—हर व्यक्ति दूसरों की गलतियों से शिक्षा लेता है लेकिन यह बात ध्यान देने योग्य है कि मनुष्य दूसरों की गलतियों से सीख लेने की अपेक्षा अपनी गलतियों से अधिक सीख सकता है। हमें अपनी गलतियों को कभी नहीं छुपाना चाहिए और न ही उनके लिए शर्मिंदा होने की आवश्यकता है। हमें अपनी गलतियों का आदर करना सीखना चाहिए, क्योंकि ये हमारे जीवन में एक महान् अध्यापक की तरह होती हैं।

प्रश्न 9. मनुष्य के जीवन में मशीन की क्या भूमिका है?

उत्तर—शरीर और मन की संगठित संरचना स्वयं में एक श्रेष्ठ मशीन है। यह मशीन चार तरह से कार्य करती है:-

मोटर की तरह: इसके द्वारा किया गया शारीरिक कार्य।

कम्प्यूटिंग: मस्तिष्क के द्वारा किया गया कार्य।

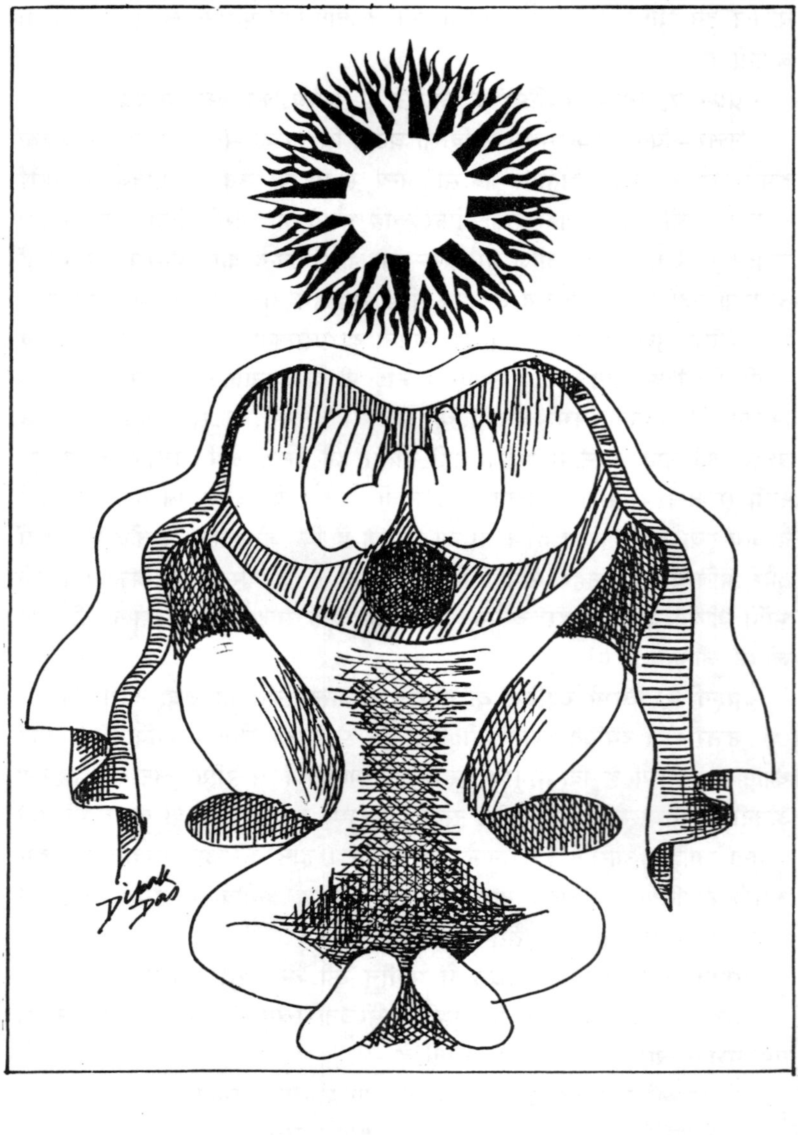
Dipak Das

विचार प्रक्रिया: मन में प्रकट हर प्रकार की अनुभूतियां।

सजगता: स्वयं तथा अन्यों के प्रति सजग होने का गुण।

आज ऐसी मशीनें विकसित की जा चुकी हैं जो पहले और दूसरे तरह के कार्य को अच्छी तरह पूरा करने में सक्षम हैं। मानव शरीर के द्वारा किए जाने वाले अनेक कार्य पहले ही इन मशीनों ने संभाल लिए हैं। ऐसी मशीनों को विकसित करने के प्रयास भी जारी हैं जो तीसरे तरह के कार्य को, कुछ सीमा तक ही सही, करने में सक्षम हों।

विकास की सतत् प्रक्रिया में शरीर का कोई भी ऐसा अंग जिसको दीर्घ अवधि तक प्रयोग में नहीं लाया जाता वह धीरे-धीरे निष्क्रिय होने लगता है। इस संबंध में चेतावनी की घंटी बजनी शुरू हो चुकी है। ऐसा प्रतीत हो रहा है कि भविष्य में ऊबाउपन एक मौन हत्यारे का काम करेगा क्योंकि उस समय मनुष्य का मस्तिष्क और शरीर के अन्य अंग निष्क्रिय हो चुके होंगे।

ईश्वर का शुक्र है कि अभी तक ऐसी कोई मशीन नहीं बनी जो स्वयं अपने विषय में सजग हो सके और चेतना के माध्यम से कार्य करने में सक्षम हो।

प्रश्न 10. क्या मृत्यु के बाद भी जीवन है?

उत्तर—इससे क्या फर्क पड़ता है। वास्तव में यह प्रश्न ही व्यर्थ है। इस संबंध में जो बात अधिक महत्त्व रखती है वह यह कि मनुष्य अपने वर्तमान जीवन को किस भांति जीता है तथा उसने अपने जीवन में क्या-कुछ उपलब्धियां प्राप्त की हैं। यद्यपि इस संबंध में एक बात निश्चित है कि प्रत्येक इकाई, चाहे वह जड़ हो या चेतन, इस संसार में अपने एक भिन्न अस्तित्व के साथ आती है और अपना समय पूरा करके इस संसार को अलविदा कह जाती है, लेकिन चेतना अपने विशुद्ध रूप में हो या किसी अन्य रूप में सदा अस्तित्व में बनी रहती है। यह चिरस्थाई है।

मृत्यु के बाद जीवन की संकल्पना को हम एक भिन्न प्रकार से भी समझ सकते हैं। हम सभी निरन्तर चलने वाले घटना क्रमों में भाग लेते हैं और अपनी भूमिका का निर्वाह करते हैं तथा इस प्रक्रिया में हम घटनाओं को प्रभावित भी करते हैं। वास्तव में हमारी इन भूमिकाओं और प्रभावों का दूसरा नाम ही जीवन है। आवश्यक नहीं कि यह प्रभाव संबंधित व्यक्ति की मृत्यु के साथ ही समाप्त हो जाए। जब मनुष्य अपने कार्यों और व्यवहार के द्वारा बाह्य संसार पर अपना प्रभाव छोड़ता है तो यह प्रभाव उसकी मृत्यु के बाद भी बना रहता है। जनभाषा

में अपनी बात को कहें तो मनुष्य के नि:स्वार्थ कार्य और अच्छाइयां उसे सदा के लिए अमर बना देती हैं।

वास्तव में किसी व्यक्ति के नि:स्वार्थ कार्य और अच्छाइयां उस प्रभाव को ही प्रकट करती हैं जो मनुष्य अपने जीते-जी समाज पर छोड़ता है। कई मायनों में मनुष्य के बुरे कार्य भी उसे मृत्यु के बाद जीवित रखते हैं लेकिन यह भी उस प्रभाव के परिणामस्वरूप है जो संबंधित व्यक्ति अपने बुरे कार्यों के द्वारा समाज पर छोड़ता है। मनुष्य का बाह्य संसार पर प्रभाव उसे मृत्यु के बाद भी जीवित रखता है। इस प्रभाव के परिणामस्वरूप मनुष्य मृत्यु के बाद भी घटनाओं की निरन्तर जारी श्रृंखला में परोक्ष रूप से बना रहता है। हमारे पास अनेक उदाहरण हैं जैसे बुद्ध, ईसामसीह, नानक, महात्मा गांधी। इन विभूतियों ने मानव-जाति पर ऐसा प्रभाव छोड़ा है कि आज इनकी मृत्यु के काफी समय बाद भी ये किसी न किसी रूप में हमारे बीच बने हुए हैं और आज भी इनका प्रभाव हमारे जीवन पर देखा जा सकता है। एक तरह से देखा जाए तो ये सभी आज भी हमारे बीच जीवित हैं।

वास्तव में मृत्यु भी जीवन का ही एक रूप है क्योंकि घटनाओं के निरंतर गतिशील क्रम पर यह अपना एक अलग प्रभाव छोड़ती है।

प्रश्न 11. सत्य तक पहुंचने में गुरू की भूमिका कितनी महत्वपूर्ण है?

उत्तर—स्थूल रूप से ज्ञान को तीन श्रेणियों में विभाजित किया जा सकता है—पहला वह ज्ञान जो प्राकृतिक विज्ञान के विभिन्न विषयों जैसे भौतिक, रसायन, जीव विज्ञान आदि से संबंधित है। दूसरा वह ज्ञान जो समाज से जुड़े विभिन्न विषयों की जानकारी देता है जैसे दर्शनशास्त्र, सामाजिक विज्ञान, राजनैतिक विज्ञान आदि तथा तीसरी तरह का वह ज्ञान जो हमें अपने स्वयं के विषय में जानकारी देता है। इन तीनों में से केवल वही ज्ञान हमें सत्य का बोध कराने में सक्षम है जो हमें अपने स्वयं का बोध कराता है ।

किसी कुशल अध्यापक के मार्गदर्शन के अभाव में प्राकृतिक विज्ञान से संबंधित किसी भी विषय का ज्ञान प्राप्त करना लगभग असंभव है। भौतिक, रसायन या जीव विज्ञान आदि ऐसे विषय हैं जिन्हें बिना कुशल अध्यापक के नहीं समझा जा सकता। लेकिन जहां तक बात सामाजिक विज्ञान से संबंधित विषयों का ज्ञान प्राप्त करने की है तो वहां अध्यापक की भूमिका इतनी महत्वपूर्ण नहीं रह जाती। लेकिन तीसरे प्रकार का ज्ञान प्राप्त करने के लिए हमारे भीतर वृद्धिमान चेतना का होना परम आवश्यक है क्योंकि चेतना ही वह

माध्यम है जिसके माध्यम से हम अपने विषय में जान सकते हैं। यह हर व्यक्ति की अपनो क्षमता और सामर्थ्य पर निर्भर करता है कि वह चेतना के मार्ग पर किस गति से अग्रसर होता है और सत्य तक पहुंचने में उसे कितना समय लगता है। निस्संदेह सत्य का बोध कराने में गुरू महत्त्वपूर्ण भूमिका निभा सकता है। एक कुशल अध्यापक न केवल हमें जीवन के सत्य तक पहुंचने का मार्ग दिखाता है बल्कि यह भी सुनिश्चित करता है कि हम बिना अपने पथ से विचलित हुए सही दिशा में आगे बढ़ रहे हैं या नहीं।

इसे एक दूसरी तरह से समझने का प्रयास करते हैं। हर व्यक्ति को स्वयं सत्य की खोज करनी पड़ती है। निस्संदेह हमारे इस प्रयास में एक बुद्धिमान व्यक्ति हमारी सहायता कर सकता है। यह बुद्धिमान और अनुभवी व्यक्ति न केवल हमें उस मार्ग का मानचित्र उपलब्ध करा सकता है, बल्कि हमें सत्य के मार्ग में आने वाली बाधाओं की जानकारी भी दे सकता है। इस बुद्धिमान और अनुभवी व्यक्ति की सहायता से हम सत्य तक पहुंचने में सफल हो सकते हैं। यहां हमें एक विशेष बात का ध्यान रखना होगा कि कभी-कभी हम गुरू को उस विषय के समान महत्त्वपूर्ण मानने लगते हैं जिस विषय का हम ज्ञान प्राप्त कर रहे हैं, लेकिन यह उचित नहीं है। निस्संदेह सत्य का बोध कराने में गुरू की भूमिका महत्त्वपूर्ण होती है परन्तु किसी भी तरह से सत्य और गुरू को एक ही स्तर पर नहीं रखा जा सकता। दोनो का महत्त्व अलग-अलग है। एक साध्य है तो दूसरा मात्र एक साधन।

प्रश्न 12. यदि प्रकृति सर्वशक्तिमान नहीं है और यह किसी के साथ पक्षपात नहीं करती तो फिर इसके सम्मुख प्रार्थना या आत्मसमर्पण क्यों किया जाए?

उत्तर—जब प्रकृति अप्रकट अवस्था में होती है तब यह विशुद्ध चेतना के रूप में विद्यमान रहती है जिसका कोई रूप-आकार नहीं होता। ऐसी अवस्था में यह अपरिवर्तनशील और निर्विकार होती है। अपने प्रकट रूप में भी इसका मूलभूत स्वरूप और गुण समान रहता है। एक ऐसी अपरिवर्तनशील वास्तविकता जो निरन्तर अपना चेहरा बदलती रहती है।

ईश्वर के बारे में हमने अनेक कल्पनाएं की हैं लेकिन वास्तव में हमारी ये कल्पनाएं भ्रांतियां मात्र हैं। ईश्वर स्वर्ग के सिंहासन पर विराजमान ऐसी कोई शक्ति नहीं है जो अपने विश्वासपात्र दूतों के माध्यम से हमारे साथ न्याय करता है। न ही इसे समय-समय पर सत्य के प्रचार-प्रसार के लिए अपने संदेशवाहकों

को पृथ्वी पर भेजने की आवश्यकता होती है। प्रकृति ने मनुष्य को पर्याप्त बुद्धि एवं सजगता प्रदान की है जिसके बल पर वह स्वयं सत्य को खोजने में सक्षम है।

प्रकृति भी स्वयं अपने नियमों से पूरी तरह बंधी हुई है। यह धर्म, जाति, वर्ग तथा ऐसी ही अन्य विचारधाराओं के आधार पर किसी के भी साथ पक्षपातपूर्ण खेल नहीं खेल सकती। कोई व्यक्ति इसे किस सीमा तक सर्वशक्तिमान और अलौकिक शक्ति मानकर इसका स्मरण करता है तथा इसे पूजता है इस आधार पर भी यह किसी प्रकार के पक्षपात को स्वीकृति नहीं दे सकती क्योंकि हर प्राणी प्रकृति का एक अटूट तथा अहस्तांतरणीय अंश है इस आधार पर प्रकृति के लिए सभी प्राणी समान रूप से महत्त्वपूर्ण हैं।

कोई व्यक्ति प्रकृति को किस रूप में देखता है और उसके साथ किस तरह के संबंध बनाता है यही वह आधार है जो मानव जीवन में एक महत्वपूर्ण अंतर उत्पन्न कर सकता है। कल्पना कीजिए कि एक मूर्ति एक घेरे के बीच में रखी हुई है जिसके चारों तरफ बैठे अनेक लोग उस मूर्ति की छवि को कागज पर उतारने का प्रयास कर रहे हैं। जब हम उन लोगों द्वारा उस मूर्ति के बनाए गए चित्रों की तुलना करते हैं तो पाते हैं कि कोई भी दो चित्र आपस में समान नहीं हैं जबकि मूर्ति तो एक ही है। हर व्यक्ति उस मूर्ति को अपनी नजर से देखता है। इसी प्रकार प्रत्येक व्यक्ति प्रकृति को अपनी दृष्टि से देखता है और उसके साथ अपना एक अलग संबंध बनाता है। प्रकृति के साथ बनाया गया यह संबंध संबंधित व्यक्ति के व्यक्तित्व को बड़े पैमाने पर प्रभावित करता है।

जब कोई व्यक्ति सच्चाईपूर्वक प्रकृति की आराधना करता है तथा निःस्वार्थ भाव के साथ या फिर किसी स्वार्थ के कारण प्रकृति के सम्मुख आत्मसमर्पण करता है तो हो सकता है उसे इसका कोई तुरन्त भौतिक लाभ न मिले लेकिन निस्संदेह वह व्यक्ति अपने इस श्रद्धाभाव के द्वारा सत्य के काफी निकट आ जाता है। प्रकृति के साथ उस व्यक्ति का निकट का संबंध बन जाता है। जब ऐसा संबंध बन जाता है तो इसके प्रभाव से मनुष्य का झूठा अहं स्वतः नष्ट होने लगता है और उसके मन में बनी अज्ञानता की दीवार खुद-ब-खुद टूटने लगती है। ऐसी स्थिति में वह अनुभव करता है कि उसका जीवन कुछ और नहीं बल्कि खुशी, दृढ़ता, शांति, करूणा आदि गुणों का प्रतिरूप है। इस प्रकार ईश्वर के सम्मुख आत्मसमर्पण के द्वारा मनुष्य मन में पूर्ण शांति को प्राप्त

करता है। वास्तव में ईश्वर के सम्मुख आत्मसमर्पण के बिना मन की शांति को प्राप्त करना अति कठिन है।

प्रकृति, ईश्वर, वास्तविकता या फिर सत्य जो भी हम इसे नाम दें, यह किस रूप में विद्यमान है यहां यह बात इतना अधिक महत्व नहीं रखती जितनी यह बात कि संबंधित व्यक्ति इस वास्तविकता को किस रूप में देखता और महसूस करता है तथा इसके साथ किस तरह का संबंध बनाता है।

लेकिन मनुष्य और प्रकृति के बीच बना संबंध किस प्रकार का है इससे भी अधिक महत्वपूर्ण बात यह है कि इस संबंध में कितनी गंभीरता और गहराई है। मनुष्य और प्रकृति के बीच स्थापित संबंध में यदि गंभीरता और दृढ़ता है तो इसकी गर्माहट से सभी संदेह स्वतः नष्ट हो जाते हैं और इस प्रक्रिया में मनुष्य न केवल वास्तविकता को स्पष्ट देखने में सक्षम हो जाता है अपितु वह जीवन में अपनी भूमिका को भी स्पष्ट जान लेता है। इस तरह आनन्दपूर्ण और सफल जीवन जीने के लिए आवश्यक है कि हम सत्य के विषय में ज्ञान प्राप्त करें और इसके साथ उचित संबंध निश्चित करें तथा इस संबंध की दृढ़ता को बनाए रखें।

स्पष्ट है कि प्रकृति या ईश्वर के सम्मुख प्रार्थना या आत्मसमर्पण इस सत्य या वास्तविकता तक पहुंचने का एक साधन है।

प्रश्न 13. प्रायः हम अधिक से अधिक उपलब्धियों को प्राप्त करने की अपेक्षा उन उपलब्धियों को गिनवाने और दूसरों से उनके लिए प्रशंसा सुनने में अधिक रूचि लेते हैं, ऐसा क्यों होता है?

उत्तर—प्रत्येक व्यक्ति चेतना के दर्पण मे अपनी एक भिन्न छवि का निर्माण करता है जिसे अहं कहते हैं। प्रायः हमारी यह छवि उस छवि से मेल नहीं खाती जो अन्य लोगों की आंखों में हमारे विषय में झलकती है। जो कुछ हम अपने बारे में सोचते हैं और दूसरे लोग जो कुछ हमारे विषय में सोचते हैं इन दोनों तरह की तस्वीरों में व्यापक अन्तर होता है। आत्म-छवि और अन्य लोगों द्वारा हमारे विषय में बनाई गई छवि के बीच का यह अन्तर हमारे मन में स्थाई रूप से असंतुष्टि की भावना को जन्म देता है। इन दोनों तरह की छवियों में जितना अधिक अन्तर होगा असंतुष्टि की भावना भी उतनी ही अधिक होगी। असंतुष्टि की यह भावना संबंधित व्यक्ति के आत्मविश्वास को भी कम कर देती है। मनुष्य निरंतर बनी रहने वाली इस असंतुष्टि की भावना को कम करने के लिए अपनी आत्म छवि तथा सामाजिक छवि के बीच के

अंतर को कम करने का प्रयास करता है और इसके लिए वह अन्य लोगों से अपने कार्यों के संबंध में स्वीकृति लेता है, उन्हें अपनी उपलब्धियों का ब्यौरा बढ़ा-चढ़ा कर देता है और उनसे इस संबंध में प्रशंसा सुनना चाहता है।

इस तरह की तकनीक के द्वारा हम अपनी असंतुष्टि और निराशा की भावना से छुटकारा तो पा लेते हैं लेकिन ऐसा बहुत कम समय के लिए ही होता है। असंतुष्टि की यह भावना हमें अतिशीघ्र एक बार फिर घेर लेती है। यह भी संभव है कि कोई व्यक्ति हमें हमारा वास्तविक चेहरा न दिखाकर हमारे किसी कार्य के लिए हमारी झूठी प्रशंसा करें। ऐसी स्थिति में हमारी आत्मछवि और वस्तुनिष्ठ वास्तविकता के बीच का अंतर और अधिक बढ़ जाता है तथा इसके दूरगामी परिणाम हमें झेलने पड़ सकते हैं।

हमारी आत्म-छवि और वास्तविकता के बीच जो दरार है उसे हमने स्वयं ही उत्पन्न किया है और केवल हम ही इसे कम कर सकते हैं। दूसरा कोई व्यक्ति इस दरार को नहीं भर सकता। इस दिशा में पहला प्रयास यही होना चाहिए कि जैसे ही हम अपनी आत्म-छवि और वास्तविकता के बीच इस दरार को महसूस करें हमें तुरंत इसे भरने का प्रयास करना चाहिए। निस्संदेह जब हम अपनी सोच और वास्तविकता के अन्तर को स्पष्ट अनुभव करने लगते हैं तो हम इसके मूल कारण का पता लगाने में भी सक्षम हो जाते हैं। साथ ही अब हम उन उपायों का पता लगाने का प्रयास भी करते हैं जो इस कारण को ही नष्ट कर सकें। ऐसी स्थिति हमें इस वास्तविकता का बोध भी कराती है कि दूसरों के द्वारा की गई प्रशंसा या किसी भी तरह की स्वीकृति उस असंतुष्टि की भावना को लंबे समय तक कम नहीं कर सकती। यह भी सच है कि दूसरे लोग संबंधित व्यक्ति के प्रभाव को देखते हुए उसकी प्रशंसा या आलोचना करते हैं। बहुत कम लोग ऐसे होते हैं जो हमें हमारा वास्तविक चेहरा दिखाते हैं। बाह्य समाज के पास ऐसा कोई ठोस आधार नहीं होता जिसके अंतर्गत वे किसी व्यक्ति के कार्यों को सही या गलत ठहरा सकें। हमारी झूठी आत्म-प्रशंसा भी इस असंतुष्टि की भावना को कम करने में हमारी सहायता नहीं कर सकती।

अब प्रश्न उठता है कि वह कौन सा ठोस आधार है जो हमें अपने कार्यों और उपलब्धियों का सत्य ब्यौरा दे सकता है। निस्संदेह जब हम अपने कार्यों को वस्तुनिष्ठ वास्तविकता के परिपेक्ष में देखते हैं तो हम स्वयं यह जानने में सक्षम हो जाते हैं कि हमारे द्वारा किया गया कार्य वास्तव में एक उपलब्धि है

या नहीं। ऐसी स्थिति में आत्म-छवि और वस्तुनिष्ठ वास्तविकता दोनों एक दूसरे के निकट आ जाते हैं और इन दोनो के बीच का अंतर कम हो जाता है। इसके पश्चात् हमें दूसरों को अपनी उपलब्धियों का ब्यौरा देने या उनसे प्रशंसा सुनने की आवश्यकता नहीं रहती। लेकिन इस स्थिति को प्राप्त करने के लिए हमें अपने दृष्टिकोण में व्यापकता लानी होगी। हम अपनी सोच को वस्तुनिष्ठ वास्तविकता से जोड़कर ही स्वयं अपने कार्यों और उपलब्धियों का सत्य ब्यौरा पा सकते हैं।

जब हमारी आत्म-छवि और वस्तुनिष्ठ वास्तविकता के बीच बनी दरार कम होने लगती है तो हमारे आत्म-विश्वास में भी आश्चर्यजनक रूप से दृढ़ता आ जाती है। अपने दृढ़ आत्मविश्वास के बल पर हम किसी भी तरह की स्वीकृति या अस्वीकृति तथा आलोचना या प्रशंसा की परवाह किए बगैर जीवन में निरन्तर सफलताएं प्राप्त करते हैं।

प्रश्न 14. किसी व्यक्ति के जीवन में भाग्य की क्या भूमिका है?

उत्तर—भाग्य और कुछ नहीं बल्कि एक खूंटी के समान है जिसपर मनुष्य सुविधानुसार अपनी असफलताओं को टांक सकता है। मनुष्य के जीवन में प्राय: ऐसी परिस्थितियां उत्पन्न हो जाती हैं जब वह अपनी असफलताओं से उपजी घोर निराशा को झेलता है तथा असहाय महसूस करता है। ऐसी स्थिति में भाग्य की संकल्पना मनुष्य के लिए एक प्रभावकारी पीड़ाहारक का कार्य करती है। उदाहरण के लिए एक व्यक्ति दुर्घटना में अपनी टांगें गवा बैठता है और इस कारण वह निराश-हताश हो असहाय अवस्था को झेलता है। ऐसी स्थिति में एक विचार कि 'यह सब भाग्य का लिखा है जिसे कोई नहीं टाल सकता' उसे उसकी निराशा व असहाय अवस्था से बाहर लाने में मददगार साबित हो सकता है। इस विचार के साथ वह व्यक्ति अपने साथ घटी त्रासदी को भाग्य का लिखा मानकर एक नए सिरे से जीवन की शुरूआत कर सकता है।

भाग्य की संकल्पना मनुष्य के जीवन में उपयोगी और साकारात्मक भूमिका निभाती है लेकिन इस संबंध में इस बात का विशेष ध्यान रखना आवश्यक है कि अकर्मण्यता को छुपाने के लिए एक बहाने के रूप में इसका प्रयोग नहीं किया जाना चाहिए।

प्रश्न 15. क्या वास्तव में भविष्य के बारे में पूर्णतया सही अनुमान लगाया जा सकता है?

उत्तर–कोई भी व्यक्ति इस प्रश्न का निश्चित उत्तर नहीं दे सकता। लेकिन इस संबंध में एक बात तो तय है कि अपने वर्तमान प्रयासों के द्वारा हम भविष्य को प्रभावित कर सकते हैं और उसे उचित दिशा दे सकते हैं। भविष्य में घटने वाली घटनाएं और उनके परिणाम सीधे हमारे वर्तमान से जुड़े होते हैं। यदि हम अपने वर्ममान को भली-भांति व्यवस्थित कर लें तथा इसे सुधार लें तो निश्चित तौर पर हमारा भविष्य भी उज्ज्वल होगा।

प्रश्न 16. तनाव पर किस प्रकार नियंत्रण पाया जा सकता है?

उत्तर–तनाव क्या है? तनाव वह मन:स्थिति है जिसमें मनुष्य अकारण भय और आशंका से घिरा रहता है। हम पहले इस बात पर विचार-विमर्श कर चुके हैं कि निरन्तर चलने वाले घटना क्रमों में अपनी भूमिका को लेकर हमारे गलत दृष्टिकोण तथा साथ ही संबंधों के जाल के वास्तविक स्वरूप के प्रति अज्ञानता हमारे भीतर उत्पन्न तनाव का मूल कारण है।

तनाव को नियंत्रित करने की आवश्यता नहीं है। यदि हमें इसके स्वरूप और इसकी उत्पत्ति के मूल कारण का पता लग जाता है तो यह स्वयं ही समाप्त हो जाता है।

हमारी वृद्धिमान चेतना तनावपूर्ण स्थिति को दूर करने में एक उपयुक्त विषहारक का कार्य करती है। जब मनुष्य अपनी विचार-प्रक्रिया के प्रति सजग हो जाता है तो वह महसूस करता है कि तनाव न तो काम के बोझ का परिणाम है और न ही यह किसी अन्य बाह्य कारण से उत्पन्न होता है बल्कि इसका मूल कारण हमारे भीतर ही विद्यमान है। ऐसी स्थिति में मनुष्य अपने पर आई किसी विपदा के लिए किसी दूसरे व्यक्ति को दोषी ठहराने की अपेक्षा स्वयं अपनी कमजोरियों का विश्लेषण करने लगता है तथा साथ ही साकारात्मक सोच के द्वारा उचित निर्णय लेने लगता है। इस तरह की परिस्थितियों में तनाव स्वत: पूरी तरह समाप्त हो जाता है।

प्रश्न 17. संतोषपूर्ण, सफल और उद्देश्यपूर्ण जीवन जीने का सबसे प्रभावी ढंग कौन सा है?

उत्तर–लक्ष्यहीन जीवन का कोई औचित्य नहीं होता इसलिए सफलता प्राप्त करने के लिए सर्वप्रथम हमें अपने लक्ष्य को निर्धारित करना होगा। लक्ष्यहीन जीवन व्यर्थ और निरर्थक होता है। इस संबंध में हमें एक और बात

का भी विशेष ध्यान रखना होगा कि सफलता का पथ न तो एक-आयामी होता है और न ही यह सरल और सपाट होता है। मानव जीवन के तीन क्षेत्र बताए गए हैं—भौतिक, बौद्धिक और आत्मिक। यदि मनुष्य इन तीनों क्षेत्रों में से किसी एक क्षेत्र में सफलता प्राप्त कर लेता है तब भी उसे पूरी तरह सफल इंसान नहीं कहा जा सकता। केवल वही व्यक्ति पूरी तरह से सफल कहा जाएगा जो इन तीनों क्षेत्रों में सफलता प्राप्त करता है।

यदि कोई व्यक्ति यह सोचता है कि जीवन के इन तीनों क्षेत्रों में एक साथ सफलता पाना असंभव है तो यह उस व्यक्ति की अज्ञानता ही कही जाएंगी, क्योंकि हम जानते हैं कि स्थूल और सूक्ष्म पदार्थ तथा शारीरिक और वैचारिक ऊर्जा क्रमशः अतिसूक्ष्म पदार्थ और चेतना की ऊर्जा के ही विविध रूप हैं। पदार्थ रूप में शरीर, मन और बुद्धि तथा ऊर्जा रूप में शारीरिक बल, वैचारिक शक्ति और चेतना की शक्ति एक साथ हमारे भीतर विद्यमान रहती हैं, अतः जीवन के इन तीनों क्षेत्रों में एक साथ सफलता अर्जित करना कठिन नहीं है।

हमें यह जान लेना चाहिए कि सफलता के मार्ग में असफलताओं के गड्ढे भी होतें हैं जिन्हें हमें सावधानीपूर्वक पार करना होता है। हमें अपने मूल लक्ष्य तक पहुंचने के लिए समय-समय पर कुछ अलग-अलग लक्ष्यों को प्राप्त करना होता है। अपने सुनियोजित प्रयासों द्वारा हम इन लक्ष्यों को प्राप्त कर सकते हैं लेकिन एक सफल जीवन संतोषपूर्ण भी हो यह जरूरी नहीं है। हमारा जीवन एक ही समय में सफल, संतोषपूर्ण और उद्देश्यपूर्ण हो इसका सबसे उचित तरीका यही है कि हम ईश्वर के सम्मुख निस्स्वार्थ और सच्चे भाव से आत्म-समर्पण करें। जब कोई व्यक्ति ऐसा करता है तो उसका अहं पूरी तरह उसके आत्म में विलीन हो जाता है। परिणामस्वरूप उसके जीवन में अहं पूरी तरह नष्ट हो जाता है और जो कुछ शेष बचता है वह उस व्यक्ति का सच्चा आत्म है। यही चेतना है। ऐसी स्थिति में मनुष्य अपने कार्यों और उनके परिणामों के लिए किसी भी प्रकार से स्वयं को उत्तरदायी नहीं ठहराता। वह न तो सफलताओं का श्रेय स्वयं को देता है और न ही असफलताओं के कारण अपराधबोध से ग्रसित होता है। ऐसी स्थिति में मनुष्य अपने अनुभवों के प्रभावों को उत्पन्न किए बिना उन अनुभवों से सीख लेते हुए जीवन पथ पर आगे बढ़ता है। अब उसके जीवन में डर और अपराधबोध की अनुभूतियों के लिए कोई जगह नहीं होती। इन अनुभूतियों के अभाव में तनाव स्वतः कम हो जाता है। इस प्रकार वह व्यक्ति अपने हर काम में तर्क तथा विवेक का प्रयोग करने

लगता है। जब किसी व्यक्ति के निर्णय विवेकहीन विचार के स्थान पर तर्क और विवेक पर आधारित होते हैं तो निस्संदेह वह जीवन में निरन्तर सफलताएं प्राप्त करता है। ऐसी स्थिति में मनुष्य हर तरह की चिंताओं से मुक्त होकर एक सफल और उद्देश्यपूर्ण जीवन जीता है।

जब हम पूरी तरह ईश्वर के सम्मुख सच्चे भाव से आत्म-समर्पण कर देते हैं तो हमारा स्वयं पर नियंत्रण स्थापित हो जाता है। ऐसी स्थिति में हम प्रसन्न होते हैं, यह सोचकर नहीं कि हमारे पास क्या है अपितु यह सोचकर कि हम क्या हैं।

मनुष्य को सदा सजग और सचेत रहना चाहिए।

भाग 2

जीवन सार

कार्य

कोई भी कार्य केवल तभी उचित कहा जा सकता है
जब उस कार्य को करने वाले व्यक्ति को वह उचित प्रतीत होता हो;
समाज ने उसे स्वीकृति प्रदान की हो
तथा वह कार्य प्रकृति द्वारा स्थापित संतुलन को बाधित न करता हो।

आसक्ति

आसक्ति या लत का अर्थ है किसी भी नियंत्रण से परे
किसी वस्तु अथवा पदार्थ आदि का दास बन जाना।
यह वस्तु अथवा पदार्थ क्या है इससे कोई मतलब नहीं,
जो बात महत्त्व रखती है वह यह कि इसके द्वारा
मनुष्य अपनी स्वतंत्रता का हनन करते हुए
स्वयं को उस वस्तु या पदार्थ का दास बना लेता है।
यह एक घटिया किस्म का सौदा है।

क्रोध

क्रोध किसी तानाशाह से भी कहीं अधिक बुरा है।
जब यह प्रबल होता है तब यह
आपको आपके मूल अधिकार से भी वंचित कर देता है।
यह मूल अधिकार है चिंतन, मनन ।

क्रोध, दूसरों के असहनीय व्यवहार का परिणाम नहीं है अपितु
यह स्वयं अपनी निराशा, कुंठा और असंतुष्टि का एक रूप है।

मनोबल से क्रोध पर नियंत्रण पाया जा सकता है जबकि
निर्बलता इसे बढ़ाने में आग में घी के समान कार्य करती है।

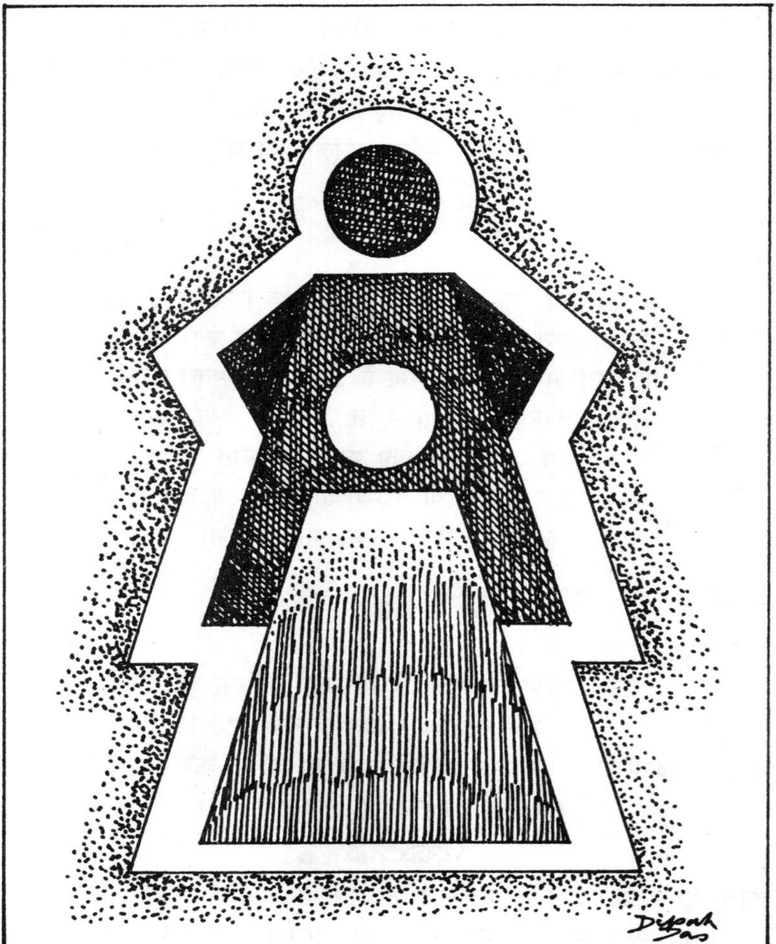
Dipak Das

सराहना

वैसे तो सराहना के शब्दों का कोई मूल्य नहीं होता
लेकिन ये शब्द अपने भीतर
असंभव कार्य को भी सम्पन्न कराने की
अद्‌भूत क्षमता को छुपाए रहते हैं।

अहंकार

प्रत्येक सफल इंसान में थोड़ा बहुत अहंकार अवश्य होना चाहिए-
अन्यथा उसमें और ईश्वर में कोई अंतर ही न रहे।

दो अहंकारी व्यक्तियों के बीच होने वाला
पारस्परिक व्यवहार अवश्य ही वैर-द्वेष को जन्म देता है,
एक सामान्य और एक अहंकारी व्यक्ति के बीच होने वाले
पारस्परिक व्यवहार का कोई अर्थ ही नहीं
क्योंकि यह एक पक्षीय होता है,
केवल दो सामान्य व्यक्तियों के बीच होने वाले
पारस्परिक व्यवहार से ही
उचित, अर्थपूर्ण और सदा बने रहने वाले
संबंधों के विकसित होने की संभावना रहती है।

अपने ज्ञान पर अहंकार करने से कहीं अच्छा है
अपनी अज्ञानता और अनभिज्ञता पर गर्व करना।

ज्ञान का अहंकार मनुष्य को कठोर बना देता है,
कठोरता विकास में बाधक है
और अंत में मनुष्य अवनति और अपकर्ष की ओर बढ़ता है।

व्यक्तिगत ध्यान

किसी को ध्यानपूर्व सुनना और उसके प्रति आपका सद्व्यवहार एक ऐसा
अमूल्य उपहार है
जिसे आप कभी भी किसी को भी भेंट कर सकते हैं।

दृष्टिकोण

मनुष्य अक्सर अत्यंत दु:ख की अनुभूति करता है,
क्योंकि जैसा वह चाहता है संसार उस तरह से व्यवहार नहीं करता।
दु:ख की इस अनुभूति को दूर करने के लिए
या तो मनुष्य संपूर्ण संसार को बदल डाले
या फिर अपनी पसंद को ही बदल ले
ताकि वह संसार के साथ कदम से कदम मिलाकर चल सके।
दोनों ही रास्ते सम्मुख हैं,
अब यह संबंधित व्यक्ति के दृष्टिकोण पर निर्भर करता है कि
वह क्या चुनता है।

जब आपका स्वयं अपने व्यवहार पर कोई नियंत्रण नहीं है,
तो दूसरे के व्यवहार पर दांत क्यों पीसते हैं?...

मनुष्य को मूलत: दो श्रेणियों में विभाजित किया जा सकता है-
पहले वे लोग जो स्वयं अपने आपसे, अपने चारों ओर के परिवेश
और सारे संसार से संतुष्ट रहते हैं तथा दूसरे वे जो हर समय
हर किसी से असंतुष्ट रहते हैं। इसके अतिरिक्त अन्य
सभी श्रेणियां, जो लिंग, धर्म, राष्ट्रीयता और आर्थिक स्थिति
आदि पर आधारित हैं, सतही और लगभग व्यर्थ हैं।

खुशी और संतोष मनुष्य के स्वाभाविक गुण हैं।
ये दोनों मनुष्य के अंतरतम से उसी प्रकार बाहर आते हैं
जिस प्रकार सुगंध फूल से बाहर आकर
सारे वातावरण को सुवासित कर देती है।

अभिज्ञता

शारीरिक बल और मानसिक दक्षता दोनों ही महत्वपूर्ण गुण हैं
लेकिन केवल अभिज्ञता यानि बोध से ही मनुष्य इन दोनों गुणों के साथ
अपना संबंध बनाने में सक्षम बनता है।
अभिज्ञता ही मनुष्य को अहसास कराती है कि ये उसके निजी गुण हैं।

जिस तरह अच्छा खाना, शारीरिक श्रम और प्राकृतिक परिवेश
अच्छा स्वास्थ्य प्रदान करते हैं,
क्यों, कैसे, कहां, कब और किसके द्वारा
ये सब बुद्धिमत्ता के उपकरण हैं,
उसी तरह अभिज्ञता आत्मा को मुक्त करने वाली है।
अभिज्ञता को आत्मा की परिमोचक कहा गया है।

व्यवहार

प्रत्येक व्यक्ति अपने चारों ओर एक अदृश्य,
अन्तर्निष्ठ ऊर्जा लेकर अग्रसर है।
यह ऊर्जा प्यार की शक्ति के रूप में प्रकट होती है
या फिर घृणा की शक्ति के रूप में-
यह उसके दिन-प्रतिदिन के व्यवहार पर निर्भर करता है।

वरदान

ईश्वरप्रदत्त अपने वरदानों की गिनती कभी मत करो,
क्योंकि वे असंख्य है।
इस उपकार के लिए सदा ईश्वर का धन्यवाद करो।

परिस्थितियां

वे लोग, जो वर्तमान परिस्थितियों में झांक सकते हैं,
और उनके पार देखने में सक्षम हैं,
केवल उन्हीं से कल्याण और श्रेष्ठता के लिए
परिस्थितियों में परिवर्तन की आशा की जा सकती है।

शुद्धता

शुद्धता को ईश्वर प्रायण्ता के सबसे निकटवर्ती कहा गया है,
कम से कम इस उपान्तिम स्थिति को तो प्राप्त किया ही जाना चाहिए।

आराम

अत्यधिक आराम या सुख-चैन मनुष्य को
अकर्मण्यता की ओर धकेलते हैं,
सदियों के अनुभव से मानव-मस्तिष्क और शरीर
कुछ इस तरह विकसित हुए हैं कि चुनौती को सामने पाकर ही
ये श्रेष्ठता और उत्कर्ष की ओर बढ़ते हैं।

प्रतिस्पर्धा

प्रतिस्पर्धा के अन्तर्निहित तत्त्व के बिना सहयोग का कोई अर्थ नहीं,
यह केवल कोरी निष्क्रियता होगी।
इसी प्रकार सहयोग के अन्तर्निहित तत्त्व के अभाव में
प्रतिस्पर्धा पूरी तरह विनाशकारक है।

स्वस्थ प्रतिस्पर्धा आपकी प्रतिभा और अच्छाइयों को प्रकट करती है,
जबकि विरोधाभास हर अच्छाई और विशेषता को नष्ट करता है।

जब प्रतिस्पर्धा अपनी निर्धारित सीमाओं का उल्लंघन करती है,
तब यह विकृत रूप ले संघर्ष में बदल जाती है।

सहयोग और प्रतिस्पर्धा एक-दूसरे के विरोधी नहीं हैं,
वास्तव में ये एक-दूसरे के पूरक हैं।
समुचित परिवेश पाकर ये दोनो मानव को
उन्नति और समृद्धि की ओर अग्रसर करते हैं।

सहानुभूति

किसी भी रिश्ते में उपजा सहानुभूति का तत्त्व
उस रिश्ते की प्रकृति को ही पूर्णतया बदल देता है।

धार्मिक सौहार्द

सभी धर्मों को एक दूसरे के निकट लाने की आवश्यकता है,
फिर उन्हें लोगों और स्थानों में भेद करने की
आवश्यकता ही नहीं रहेगी।

निर्माण

जब चेतना के उज्ज्वल दर्पण में जैविक अस्तित्व को देखा तो
वहां खुशी, शान्ति, मनोबल और करूणा के अतिरिक्त कुछ भी नहीं था,
लेकिन जब इसे निर्माण की श्रृंखला के रूप में देखा तो
यह शरीर और मस्तिष्क के मिले-जुले रूप में दिखाई दिया
जो सदा क्षणिक संतुष्टि के लिए संघर्षरत रहता है।
हमें इन दोनों जीवन रूपों को समझने और इनके बीच सही संतुलन
बैठाने की आवश्यकता है।

**निर्माण का चेतना से वही संबंध है
जो मूर्ति का मिट्टी से,
आकार का सामग्री से
और अस्थायित्व का स्थायित्व से है।**

चेतना हर निर्माण के पीछे मूल वास्तविकत्ता है,
यह किसी अन्तर को नहीं मानती
क्योंकि यह स्वयं अविभाज्य होती है।
दूसरे छोर पर, निमार्ण के इस दृश्यमान संसार में
किन्हीं भी दो तत्त्वों या जीवों के बीच बहुत कम समानताएं हैं।
जब कोई व्यक्ति दूसरों के साथ अपने इस अंतर को
कम करने का प्रयास करता है तो वह
स्वत: बाह्य तत्व से मूल वास्तविकता की ओर बढ़ने लगता है।

मृत्यु

मृत्यु बहुत कम सामान्य होती है,
अधिकांशत: हम अकारण चिन्ता और अस्वस्थ्यकर आदतों के
परिणामस्वरूप
स्वयं उसका आवाह्न करते हैं।

समर्पण

गरीब सदा वंचित रहते हैं,
धनवान सदा उदास और विषादों से घिरे रहते हैं,
वही लोग सुखी हैं जो समर्पण के साथ जीवन-निर्वाह करते हैं।

प्रजातंत्र

केवल वही राष्ट्र प्रजातांत्रिक प्रणाली को
लम्बे समय तक कायम रखने की आशाएं संजो सकते हैं,
जिनके नागरिक स्वेच्छा से
सामूहिक हितों को अपने व्यक्तिगत लाभ से
सर्वोपरि मानते हैं।

इच्छा

जो संबंध शरीर से भूख का है
वही संबंध मस्तिष्क का इच्छा से है।
यदि इच्छा नहीं है तो प्रगति भी संभव नहीं है
क्योंकि इच्छा के अभाव में कोई आर्थिक गतिविधि संभव नहीं है।
यदि हम इच्छा रखते हैं तो
इसके साथ कुछ कष्टों की भी पूर्ण संभावना है
क्योंकि हर इच्छा पूरी नहीं हो सकती।
इन दोनों स्थितियों के बीच समय-समय पर
संतुलन बनाना ही जीवन की कला है।

संवाद

संवादहीनता उस दीमक की भांति हैं
जो मधुर से मधुर संबंध को भी भीतर से खत्म कर देती है।
ये संबंध बाहर से देखने पर तो सामान्य नजर आते हैं
लेकिन अन्दर से ये मृतप्राय: होते हैं।
यदि विवादास्पद विषयों को जानबूझकर अनदेखा किया जाता है
तो लगातार बोलते रहने की स्थिति में भी संवादहीनता उभर सकती है।

संदेह

अपने सामर्थ्य पर संदेह न करें,
मित्र की ईमानदारी पर संदेह न करें,
जीवन साथी की निष्ठा पर संदेह न करें,
ईश्वर की दयादृष्टि पर संदेह न करें,
निराधार संदेह केवल आपके विनाश की
आधारभूमि को तैयार करता है।

शिक्षा

हर व्यक्ति का अधिकार है कि वह न केवल ज्ञात ज्ञान को
प्राप्त करे अपितु उसका भी अनवेषण करे जो अभी अज्ञात है।
प्रत्येक को यह अधिकार प्राप्त करवाना समाज का उत्तरदायित्व है,
जिससे वह पूर्णत: बंधा हुआ है।
यही समग्र रूप में शिक्षा के मायने हैं।

शिक्षा का अर्थ केवल ज्ञान प्रदान करना ही नहीं है,
अपितु यह उचित जीवन मूल्य-प्रणाली के प्रति
विश्वस्त करने वाली भी होनी चाहिए।

अहम्

बनावटी अहम् कभी सच्चा, न्यायसंगत और विवेकपूर्ण नहीं हो सकता,
जो कोई इसे निष्प्रभाव करता है वही उचित तथा श्रेष्ठ है,
इसके अतिरिक्त जो भी कुछ है वह बुरा और अनुचित है।

अत्यधिक अहम् अत्यधिक विपत्तियों और दु:खों का कारण हैं।

साधन बनाम साध्य

साधन की पवित्रता उतनी ही अनुत्क्रमणीय है
जितना की स्वयं लक्ष्य की,
लेकिन इसके बावजूद लक्ष्य ही अंतिम है,
जबकि साधन लक्ष्य को प्राप्त करने में
केवल एक उपकरण मात्र है।
इस कथन की सीमाओं के भीतर रहते हुए
किसी व्यक्ति को अपनी सूझबूझ का प्रयोग
बड़े ही विवेकपूर्ण ढंग से करना चाहिए।

शत्रुता

इंसान कभी अपने मित्र को इतना याद नहीं करता
जितना वह उस व्यक्ति को याद करता है
जिसे वह अपना शत्रु मानता है।
निसंदेह भुलक्कड़पन कोई अवगुण नहीं है
यदि मनुष्य शत्रुता को भी भुलाना सीखे।

पर्यावरण

ऐसी प्रजाति जो प्रत्यक्ष या परोक्ष रूप से अन्य हजारों प्रजातियों के
विलुप्त होने तथा साथ ही साथ प्राकृतिक संसाधनों के
दोहन और विनाश के लिए उत्तरदायी है,
वह किसी भी तरह शांतिपूर्ण जीवन की
आशा नहीं कर सकती।
यदि मानवजाति को निरंतर संतोष प्राप्त करना है तो
उसे पर्यावरण की पवित्रता का सम्मान करना सीखना ही होगा।

प्रकृति अत्यंत कृपालु मां की भांति है,
मनुष्य को इस मां के साथ एक बिगड़े हुए बच्चे की भांति
व्यवहार नहीं करना चाहिए।

बहाना

बहाना बनाना और स्पष्टीकरण दोनों ही अनावश्यक है।
सफलता को किसी स्पष्टीकरण की आवश्यकता नहीं होती
जबकि कोई भी बहाना किसी असफलता को छिपा नहीं सकता।

बड़ी से बड़ी गलती को भी माफ किया जा सकता है,
लेकिन बहाने को नहीं।

Dipak Das

डर

पाषाण युग से सूचना युग तक
मानव ने असाधारण प्रगति की है।
उसने प्रकृति के बहुत से रहस्यों को उजागर किया है।
लेकिन एक बात को लेकर उसमें संभवत: कोई परिवर्तन नहीं आया।
हमेशा से डर मनुष्य की प्रमुख प्रेरक शक्ति रहा है,
पहले वह जंगली जानवरों से डरता था
वर्तमान समय में मनुष्य मनुष्य से डरता है।

★★★★★

यदि कोई व्यक्ति बुरी से बुरी स्थिति का
सामना करने के लिए तैयार है
तो वह अपने डर पर भी विजय पा सकता है।
परन्तु यह अत्यंत बुरी स्थिति क्या है?
बदली परिस्थितियों में कभी-कभी कोई बुरी स्थिति भी
काफी अच्छी और अनुकूल सिद्ध हो सकती है।

★★★★★

जिस तरह ईश्वर के नाम को स्वयं ईश्वर से महान बताया गया है,
उसी तरह किसी संकट का डर उस संकट से
कहीं अधिक हानिकारक है।

★★★★★

मानवजाति के इतिहास में जितने भी युद्ध हुए,
डर उनके पीछे मूल कारण रहा है,
भले ही यह व्यक्तिगत स्तर पर हो या सामूहिक स्तर पर।
लालच ने इसमें केवल आग में घी के समान काम किया है।

★★★★★

अपने हृदय में डर को मत भरो, क्योंकि यदि ऐसा हुआ तो फिर
प्रेम, स्नेह और करूणा के लिए जगह कहां बचेगी।

असफलता

असफलता से निराश न हों
क्योंकि इसके बाद भी आपको अवसर मिलते रहते हैं,
बशर्ते कि आप वही गलती बार-बार न दोहराएं।

आस्था

अत्यंत दु:ख की अवस्था में
जब सान्त्वना के सभी शब्द निरर्थक हो जाते हैं
उस समय केवल आस्था ही मनुष्य को
उस दु:ख से बाहर निकाल सकती है।
आस्था जितनी गहरी होगी
दु:ख को सहने की क्षमता भी उतनी ही अधिक होगी।

परिवार

परिवार एक ऐसी छतरी के समान है,
जो जीवन की अनिश्चितताओं से मनुष्य की रक्षा करती है।
यह बंधन जितना मजबूत होगा
इससे मिलने वाला संरक्षण भी उतना ही बेहतर होगा।

भाग्य

कोई व्यक्ति किसी दूसरे का भाग्य नहीं लिख सकता,
यदि मनुष्य स्वयं अपना भाग्य बना ले
तो इसे जीवन की एक बड़ी उपलब्धि मानना चाहिए।

रूढ़िवाद

जीवन बहुमुखी है।
रूढ़िवादी वे लोग हैं जो
इसके एक पहलू के अतिरिक्त
अन्य पहलूओं को देख पाने में असमर्थ होते हैं।

कीर्ति

धन कमाना कठिन है तथा कीर्ति पाना उससे भी कहीं अधिक कठिन,
लेकिन धन की तुलना में कीर्ति जरा सी चूक से अतिशीध्र
नष्ट हो सकती है।

स्वास्थ्य

स्वास्थ्य ही वास्तविक धन है और शायद इससे भी कहीं अधिक,
चूंकि कोई धन-सम्पत्ति हमें अच्छा स्वास्थ्य प्रदान नहीं कर सकती,
जबकि एक स्वस्थ व्यक्ति सदा सुखी जीवन जीने के लिए
साधनों का उपार्जन कर सकता है।

हृदय

जीव-विज्ञान की शब्दावली में, हृदय यानि दिल एक ऐसा पम्प है
जो रक्त को शुद्ध करता है,
लाक्षणिक शब्दावली में इसे मनोभावों का
उद्‌गम स्थान कहा गया है।
आइए अपने हृदय को उस स्तर तक साफ करें कि
इससे उठने वाले अशुद्ध मनोभाव शुद्ध होकर ही बाहर आएं।

Dipak Das

चापलूसी

किसी अयोग्य की चापलूसी मत करो
क्योंकि जब आप ऐसा करते हैं तो
आप उतना ही नीचे गिर जाते हैं
जितना आप उस अयोग्य व्यक्ति को झूठ के सहारे
ऊपर उठाने की कोशिश करते हैं।

दया

समृद्ध और शक्तिशाली लोग इस संसार की
लीला को आगे बढ़ाते हैं,
और यह तब तक जारी रहता है जब तक
उनका पतन न हो जाए या उनके प्रभाव को
नष्ट न कर दिया जाए।
केवल वही लोग बदले में
दूसरों की दया और सहानुभूति पाने की
आशा कर सकते हैं, जिन्होंने अपने वैभवकाल में
दूसरों के प्रति दया और सहानुभूति दिखाई हो।

मानव-मन

मानव-मन एक ऐसी बाल्टी के समान है
जिसकी तलहटी में एक छेद है,
जब तक इस छेद को हम आत्म-संतुष्टि के लेप से नहीं भरेंगे,
तब तक मस्तिष्क रूपी इस बाल्टी में
प्रसन्नता रूपी जल ठहर ही नहीं सकता।

मित्रता

यदि आप किसी को मित्र मानते हैं तो
आवश्यक नहीं कि आप उसको मित्र बनाने में सफल हों,
लेकिन यदि आप किसी को अपना शत्रु मानते है तो
अवश्य ही वह आपका शत्रु बन जाएगा।

इस संसार में कुछ भी स्थाई नहीं है।
कभी-कभार कोई बड़ा शत्रु
अच्छा मित्र भी बन जाता है।

मित्रता लेन-देन के विचार पर आधारित नहीं होती,
यह एक ऐसा रिश्ता है जिसमें लेने और देने की प्रक्रियाएं
एक हो जाती हैं।

ज्ञान

ईश्वर ही मेरा मार्गदर्शक है।

मैंने उसके सम्मुख ज्ञान प्राप्ति के लिए याचना की। वह बड़ा कृपालु है। उसने मेरी छोटी अंगुली पकड़ी और मुझे ज्ञान के बगीचे के द्वार पर छोड़ दिया और कहा, "इसके अंदर जहां तक जाना चाहो जा सकते हो। वहां पहुंचकर ज्ञान के फूलों की सुगंध लेना और फिर उस सुगंध के संदेश को जन-जन तंक पहुंचाना। लेकिन ध्यान रहे, उन फूलों को तोड़ना मत, क्योंकि ज्ञान पर किसी समूह या व्यक्तिविशेष का अधिकार नहीं हो सकता।"

मुनष्य की विचार-प्रक्रिया सीमित है,
ऐसा ज्ञान के विषयों के अभाव के कारण नहीं है,
बल्कि यह मानव-मस्तिष्क की अपनी सीमाओं के परिणामस्वरूप है।

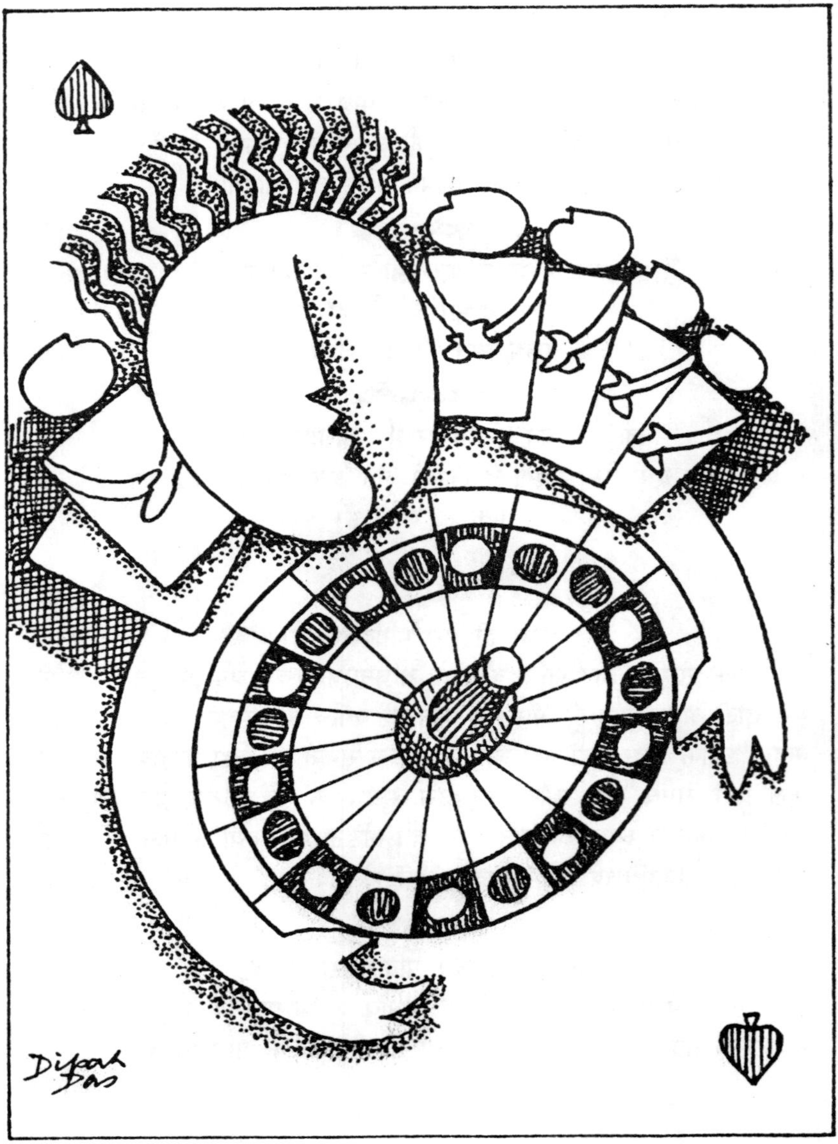

जुआ

जो लोग जीवन को जुआ मानते हैं
वे देर-सवेर इसमें अवश्य हार जाते हैं,
लेकिन जो जीवन को संघर्ष के रूप में जीते हैं
वे कभी न कभी अवश्य ही इस पर विजय पाते हैं।

किनारे पर जीवन

आज के प्रतिस्पर्धात्मक संसार में हर कोई
राजनैतिक, सामाजिक, आर्थिक और ऐसी ही दूसरी शक्तियों की
सक्रियता से निर्मित बहुखण्डीय किनारों पर जीवन व्यतीत कर रहा है।
यदि मनुष्य सुरक्षित जीवन जीना चाहता है तो उसे
अधिक से अधिक किनारों को समाप्त करना सीखना ही होगा।

तर्क

कष्टों और दबावों के सामने कभी मत झूको,
न ही भोग-विलास और सुख-चैन के अभिभूत हों,
सदा विवेक को अपना मार्गदर्शक बनाओ,
और तर्क को हथियार के रूप में प्रयोग करो।

तर्क को सभी विज्ञानों की मां कहा जा सकता है।

सीमित करना

जब ब्रह्मंड इतना विशाल है,
तो आप स्वयं को आकाश की
ऊंचाइयों तक क्यों सीमित करते हैं।

लक्ष्य

बुद्धिमान व्यक्ति किसी लक्ष्य को पाने के लिए
हर तरह के साधनों की खोजबीन करता है,
वहीं एक जागरूक व्यक्ति समय-समय पर
अपने लक्ष्य का भी परीक्षण करता है
ताकि निरंतर उसके लक्ष्य की सार्थकता बनी रहे।

प्रत्येक व्यक्ति अपना एक अलग लक्ष्य निर्धारित करता है
जो पूरी तरह उसकी इच्छाशक्ति, प्रकृति और परिस्थितियों
पर निर्भर करता है।
लेकिन संपूर्ण मानवजाति का सामूहिक लक्ष्य सदा यही होना चाहिए कि
सभी लोग स्वस्थ और सुखी हों तथा सभी के बीच सद्‌भावना बनी रहे।
हर इंसान का व्यक्तिगत लक्ष्य इस सार्वभौमिक लक्ष्य के
समानुरूप होना चाहिए।

भली-भांति परिभाषित सामूहिक लक्ष्य तथा उस लक्ष्य की ओर बढ़ते हुए
प्राप्त व्यक्तिगत स्वतंत्रता प्रत्येक को स्वर्गमयी आनन्द
की अनुभूति करा सकती है।

व्यक्तिगत योग्यता किसी समूह की सफलता की गारंटी नहीं है,
जो बात यहां सबसे अधिक महत्त्व रखती है वह यह कि
किस सीमा तक प्रत्येक व्यक्ति स्वयं को अपने समूह के
सामूहिक लक्ष्य के रूप में देखता है।

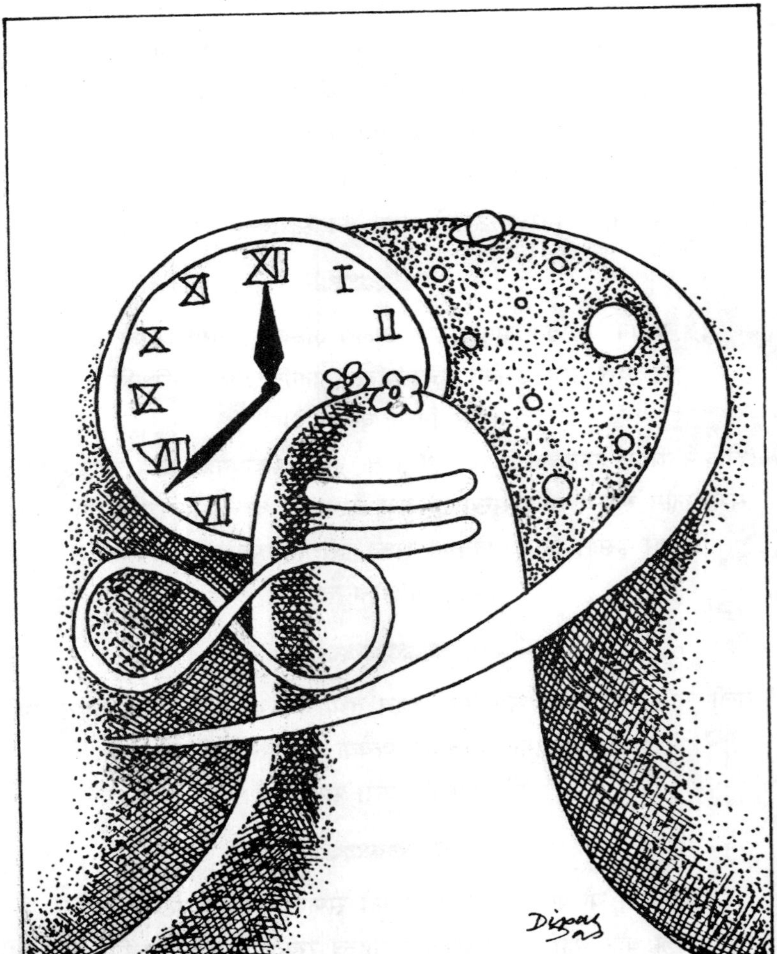

ईश्वर

ईश्वर में अटल विश्वास और अपने अन्दर अटूट आत्मविश्वास,
ये दोनों एक समान मानसिक स्थिति के दो अलग-अलग पहलू हैं।
इसे 'पूर्ण जागरूकता' की मानसिक स्थिति कहते है।

ईश्वर से परे कुछ नहीं हो सकता, क्योंकि वह अनंत है।
अनंत में कुछ भी जोड़ो या घटाओ वह अनंत ही रहता है।
ईश्वर की पहुंच समय और अंतरिक्ष जैसी
सीमांत धारणाओं से भी परे है।

ईश्वररूपी खूंटे से अपनी मन रूपी रस्सी को कस कर बांध लो।
इसके बाद आप कहीं भी जाओ और कुछ भी करो,
कोई हानि आपको छू भी नहीं सकती,
क्योंकि आप सदा स्वयं को सबसे मजबूत खूंटे से बंधा पाएंगे।

ईश्वर के अतिरिक्त कोई संपूर्ण नहीं है।
कोई व्यक्ति कितना संपूर्ण हो सकता है,
यह इस बात पर निर्भर करता है कि
वह ईश्वर के कितने निकट है।

जो लोग मूर्तियों, पशुओं और पौधों की उपासना करते हैं,
आवश्यक नहीं कि वे बहुदेववादी हों। यह केवल इस वास्तविकता
का संकेत है कि ईश्वर सर्वव्यापी है। पशु-पक्षियों और वनस्पतियों
में भी वह मौजूद है।
यहां तक कि निर्जीव वस्तुओं में भी वह विद्यमान है,
उसी तरह जैसे कब्रगाह पर खड़े उपासक मृतक शरीर
की उपासना नहीं करते, बल्कि
वे शरीर से अलग हुई आत्मा में ईश्वरीय अंश को खोजते हैं।

ईश्वर से डरो नहीं, बल्कि उससे मित्रता करो।

इतिहास

इतिहास को धार्मिक और परम्पराओं पर आधारित
युगों में नहीं बांटा जा सकता,
वास्तव में इतिहास उन घटनाओं की निरंतरता है
जिनका अनुभव मानवजाति लम्बे अरसें से करती आयी है।
इनमें से बहुत कम घटनाओं के प्रमाण उपलब्ध हैं,
जबकि अधिकांश घटनाएं अलिखित और अप्रमाणित हैं।
ये घटनाएं हमेशा से मानवजाति का मार्गदर्शन करती रही हैं और भविष्य में,
अस्तित्व के विशाल सागर में, मनुष्य की लम्बी यात्रा के दौरान
विभिन्न प्रकाश-स्तंभों के समान इसी तरह उसका मार्गदर्शन करती रहेंगी।

★ ★ ★ ★ ★

कुछ लोग, किसी घटना-विशेष के घटने से पहले तक, अपने इतिहास के अस्तित्व को नकारने के लिए प्रवृत्त रहते हैं। हमें ऐसे लोगों के प्रति सहानुभूति प्रकट करनी चाहिए, क्योंकि ये लोग अपने मूल से कटे हुए हैं।

★ ★ ★ ★ ★

राजा-रानी की कहानियां इतिहास के
काल्पनिक और बाह्य पहलू को ही दर्शाती हैं,
वास्तविक इतिहास हमेशा आम आदमी के,
दु:खों-कष्टों, आकांक्षाओं और निराशाओं
तथा उसकी सफलताओं तथा असफलताओं से सम्बद्ध होना चाहिए।

नियम व कानून

मनुष्य एक समय में दो तरह के नियमों से बंधा होता है, पहले वे नियम जिन्हें किसी समाजविशेष ने तैयार किया है तथा दूसरे प्रकृति के नियम। क्योंकि किसी भी समाज के नियम व कानून उस समाज की दृष्टि में, अनेक त्रुटियों के बावजूद, ईश्वरीय नियमों के अनुरूप होते हैं, इसलिए यदि मुनष्य प्रकृति के नियमों के अनुसार व्यवहार करता है तो मनुष्य और सामाजिक नियमों के बीच विरोधाभास उत्पन्न होने की सम्भावना कम रहती है।

अपराधबोध

आपके शत्रु आपके आचरण-अनाचरण या किसी गलती के लिए
प्राय: आपकी निंदा करने का प्रयास करते हैं,
वे अपने इस अभियान में सफल हो भी सकते हैं और नहीं भी।
लेकिन आपका अपराधबोध स्वयं आपके द्वारा आपकी
निंदा कराने में हमेशा सफल होता है।
अपराधबोध आपका सबसे बड़ा शत्रु है।

पारस्परिक प्रभाव

हर इंसान दूसरों को कुछ न कुछ देने में सक्षम होता है
तथा साथ ही उसे दूसरों से, उनके सामर्थ्य की चीजों को,
ग्रहण करने की आवश्यकता भी होती है।
हमें एक ऐसा मंच तैयार करना होगा
जहां लोग एक-दूसरे से अपने विचारों का
आदान-प्रदान कर सकें
तथा एक-दूसरे से लाभ उठा सकें।

वास्तविक हंसी

केवल वही लोग जो स्वयं पर हंस सकते हैं,
दूसरे उन पर कभी नहीं हंस सकते।
यही वास्तविक हंसी है।

सीखना

विभिन्न विषयों का ज्ञान प्राप्त करने से कहीं अधिक
महत्त्वपूर्ण है सीखने की विधि को सीखना,
क्योंकि ज्ञान स्वयं में एक अत्यंत परिवर्तनशील संकल्पना है।

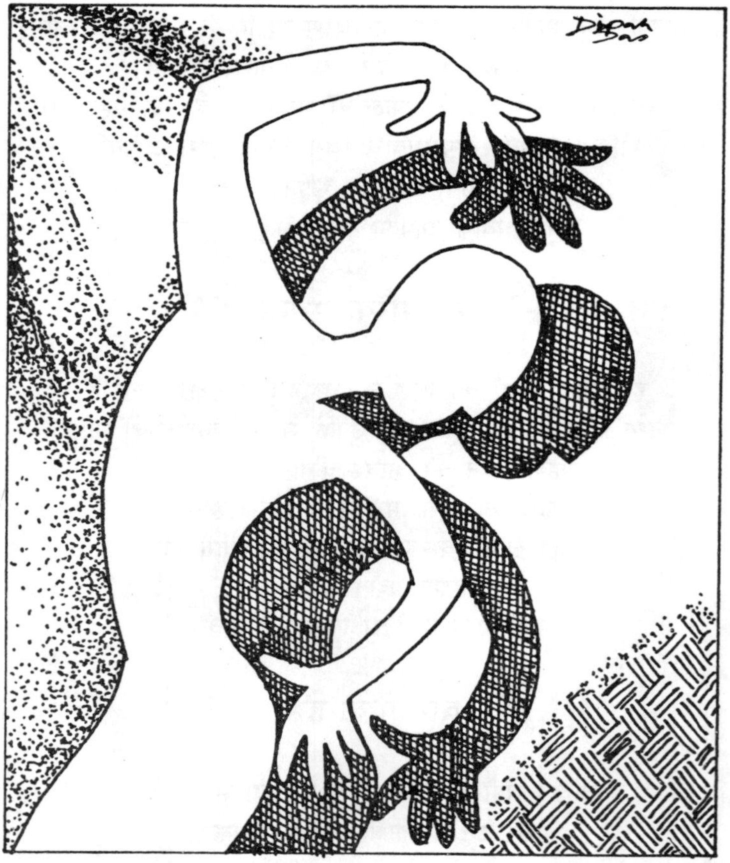

पाखण्ड

एक व्यक्ति जो किसी काम को नहीं जानता, लेकिन सोचता है कि वह उसे जानता है, निसंदेह वह व्यक्ति सीधा-साधा है और आपकी सहानुभूति के योग्य है। एक व्यक्ति जो किसी काम को नहीं जानता और इस सच्चाई को स्वीकार करने में किंचित भी संकोच नहीं करता, निसंदेह वह सच्चा इंसान है और आपके आदर का अधिकारी है। एक व्यक्ति जो जानता कुछ नहीं है और सब कुछ जानने का दंभ भरता है, वह पाखण्डी है। न तो वह आपकी सहानुभूति के योग्य है और न ही आदर के, ऐसे व्यक्ति की तो पोल खुलनी ही चाहिए।

पाखंडियों के संवाद नृत्य करती छाया के समान होते हैं,
जिससे कुछ भी उभर कर सामने नहीं आता।

मन की शांति

'मन की शांति' वह मुद्रा है जिसका मूल्य कभी नहीं गिर सकता, क्योंकि
अन्य सभी मुद्राओं का मूल्य इसके संदर्भ में ही तय होता है।

व्यक्तित्व

जो लोग अपने व्यवहार में गोपनीयता बरतते हैं,
वे अपने संपूर्ण व्यक्तित्व के केवल एक हिस्से को ही प्रकट करते हैं।
आश्चर्यजनक रूप से, ऐसे लोग अपने व्यक्तित्व के
उस एक हिस्से के द्वारा वह सब प्राप्त करना चाहते हैं
जिसे उनके अनुसार उनका संपूर्ण व्यक्तित्व प्राप्त नहीं कर सकता।

शेखी बघारना स्वयं से असंतुष्टि की अभिव्यक्ति है।
शेखी बघारते समय मनुष्य झूठ के सहारे
अपनी अभिलाषाओं और वास्तविकता के बीच के
अन्तर को भरने का प्रयास करता है।

Dipak Das

ईर्ष्या

उस व्यक्ति का धन्यवाद करो जो आपसे ईर्ष्या करता है,
कम से कम वह आपकी श्रेष्ठता को स्वीकार तो करता है।

दूसरों की श्रेष्ठता से ईर्ष्या करने वाला व्यक्ति
उस भूने हुए बीज की भांति होता है
जो कभी विकसित नहीं हो सकता।

मैं केवल उन्हीं से ईर्ष्या करता हूं,
जो किसी से ईर्ष्या नहीं करते।

पड़ोसी

अपने पड़ोसी को भली-भांति पहचानो और साथ ही
स्वयं को भी उसकी दृष्टि से पहचानने का प्रयास करो।

पड़ोसी उस दर्पण के समान है
जिसमें आप अपना वास्तविक चेहरा देख सकते हैं।

मत

जो व्यक्ति सदा आपसे सहमति जताता है,
वह या तो अपनी कोई व्यक्तिगत राय नहीं रखता
या फिर आपको अपने वास्तविक विचार बताना नहीं चाहता।
दोनों ही स्थितियों में ऐसे व्यक्ति पर निर्भर नहीं हुआ जा सकता।

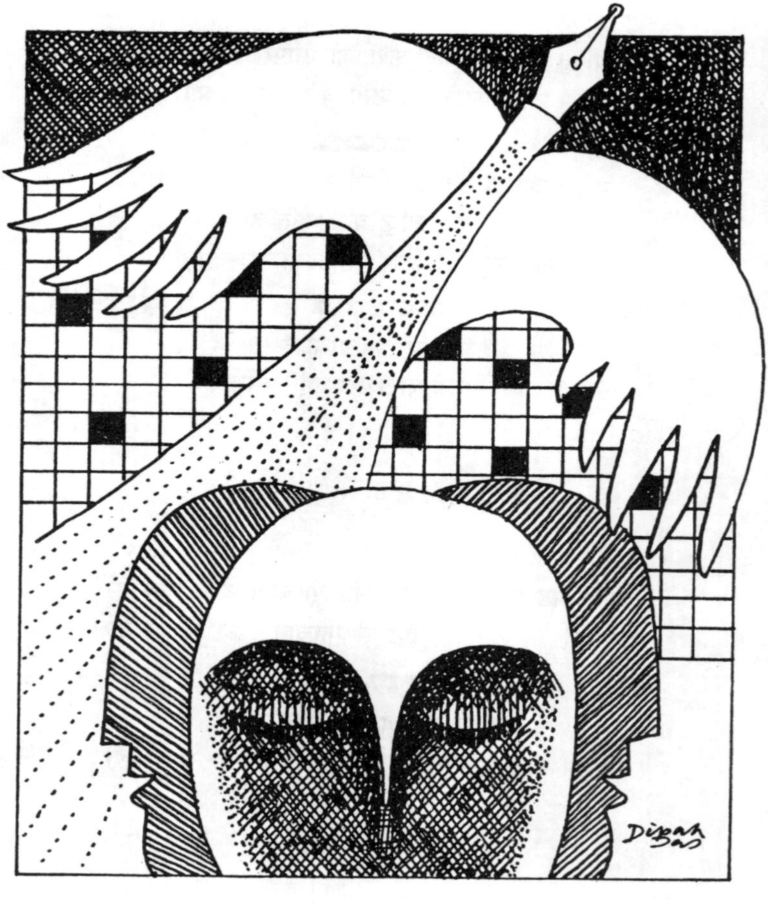

जीवन

यदि कोई व्यक्ति सोचता है कि उसने
जीवन के रहस्यों को समझ लिया है,
संभवतः वह व्यक्ति जीवन को अत्यंत भयंकर रूप से
एकपक्षीय होकर देख रहा है।

जीवन भावनाओं की गठरी का दूसरा नाम है,
ये भावनाएं जीवन में किसी भी मोड़ पर,
किसी भी निर्धारित समय पर विभिन्न रूपों,
आकृतियों और सम्मिश्रणों के रूप में स्वयं को प्रकट करती हैं।

जीवन एक वर्ग-पहेली है,
जहां इसके हल होने तक इंतजार करने की आवश्यकता नहीं है।
इस पहेली को हल करने की प्रक्रिया मात्र ही लाभ पहुंचाने वाली है।

मृत्यु के बाद जीवन की संकल्पना,
वास्तव में जीवित रहने की अभिलाषा की मूल प्रवृत्ति
में असीमित विस्तार है।

जब इस जीवन में करने को इतना कुछ है,
तो फिर अगले जन्म के बारे में काहे की चिंता।

जीवन को बाधाओं से भरी दौड़ के रूप में
भी देखा जा सकता है।
आपके पास विकल्प मौजूद है,
या तो आप इस दौड़ में भाग लें या फिर
स्वयं एक बाधा बन जाएं।

Dipak Das

जीवन एक बहुपक्षीय अवधारणा है।
जो लोग जीवन-पथ पर शारीरिक, मानसिक या आध्यात्मिक
आदि विभिन्न क्षेत्रों में से किसी भी क्षेत्र में
पीछे रह जाते हैं,
वे किसी भी तरह से जीवन की इस दौड़ को
व्यापक रूप से जीतने का दावा नहीं कर सकते।

जीवन पथ पर अपने आप को मत घसीटो,
अपितु जीवन के हरे-भरे लेकिन कांटेदार जंगलों में
ऊंचे-नीचे रास्तों पर चलने का आनन्द लो।

जीवन केवल अवसरों का खेल ही नहीं है,
यह निपुणता का खेल भी है।

नेता

नेता वही है जो मोर्चे पर रहकर नेतृत्व करता है
और हमेशा अन्तिम पंक्ति तक अपनी नजर रखता है।

नेता वही है जो अपने लोगों के अतिरिक्त
किसी चीज को अपना नहीं कहता।

व्यवस्थापक

आपके शरीर का सबसे स्वस्थ अंग वही है
जिसके प्रति आप बहुत कम जागरूक रहते हैं,
इसी प्रकार एक अच्छा व्यवस्थापक वही है
जो कम से कम नजर आए।
वह सदा एक सच्चे सहायक की भूमिका निभाता है,
न कि दूसरों के काम में बाधक बनता है।

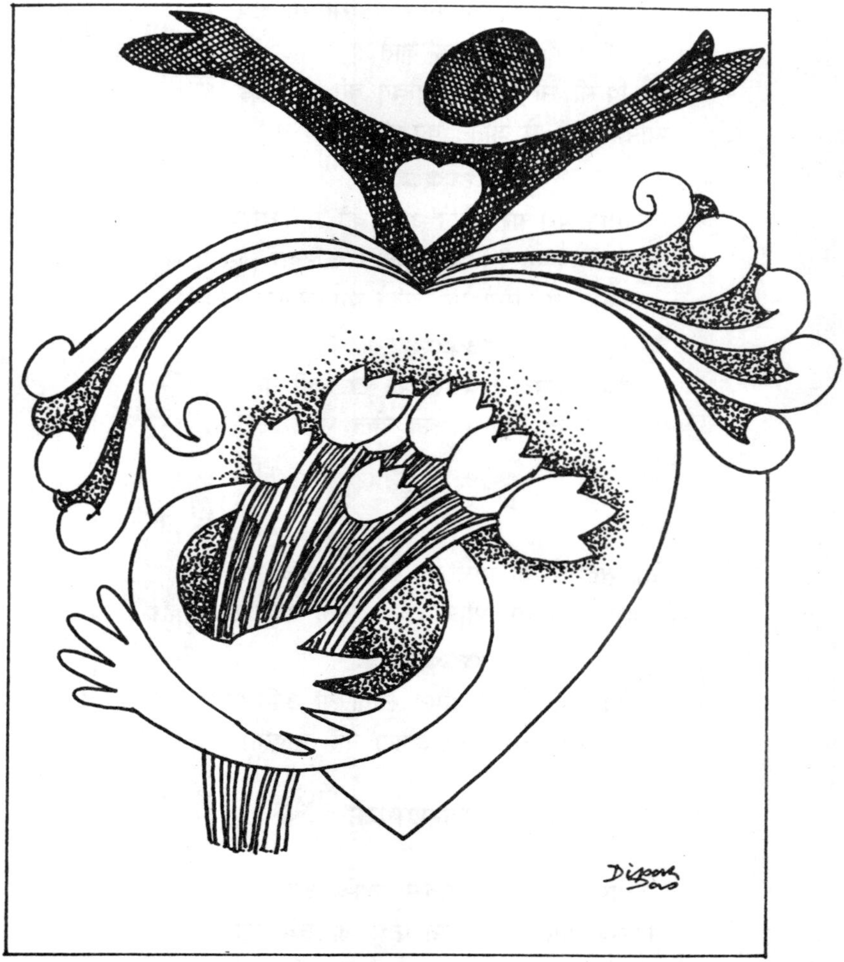

प्रेम

सभी को अपने प्रेम, विश्वास और स्नेह के योग्य समझो,
और तब तक समझो जब तक कि दूसरा व्यक्ति
स्वयं को इसके अयोग्य सिद्ध न करे।

प्रेम वह गोंद है जो रिश्तों को जोड़ता है।
इसके अतिरिक्त घृणा सहित अन्य सभी भाव
इसके परिवर्तित रूप मात्र हैं।

प्रार्थना

ईश्वर की प्रार्थना करो,
लेकिन उन वस्तुओं को प्राप्त करने के लिए नहीं
जो मानव-निर्मित हैं,
बल्कि उन गुणों की प्राप्ति के लिए
जो मनुष्य को मनुष्य होने का अहसास कराते हैं।

★★★★★

प्रार्थना जब पूर्ण समर्पण की भावना के साथ की जाती है
तब यह एक अत्यंत प्रभावी पीड़ाहारक का कार्य करती है।

धन

धन जीवन का स्नेहक है।
इसकी अल्पता जीवन को अप्रभावी बनाती है,
जबकि अधिकता जीवन-गति में अवरोध उत्पन्न करती है।

धन जीवन में बहुत महत्त्व रखता है, लेकिन इसके अर्जन और
उपयोग करने का ढंग इससे भी कहीं अधिक महत्वपूर्ण है।

विवाह

विवाह भले ही स्वर्ग में तय होते हों अथवा नहीं;
लेकिन आपसी तालमेल के अभाव में
वैवाहिक जीवन नरक बन सकता है।

प्रकृति

प्रकृति को कभी भी किसी सीमांत धारणा में नहीं बांधा जा सकता। जो लोग प्रकृति को किसी जाति-विशेष या दार्शनिक सिद्धांत के अन्तर्गत परिभाषित करते हैं, वे या तो स्वयं को मूर्ख बना रहे होते हैं या फिर दूसरों को मूर्ख बनाने का प्रयास कर रहे होते हैं।

जब आप अपनी सभी कमजोरियों के साथ
स्वयं को प्रकृति में विलीन कर लेते हैं,
तब आप पहले से कहीं अधिक मजबूत होकर ऊपर उठते हैं।

जीवन का उद्देश्य

यदि आप सोचते हैं कि आपके जीवन का एकमात्र उद्देश्य भरपूर आनन्द लेना है तो जितना हो सके उतना आनन्द लीजिए। यदि आप सोचते हैं कि आपके जीवन का उद्देश्य धनार्जन है तो उतना धन अर्जित कीजिए जितना आज तक किसी ने न किया हो। यदि आप सोचते हैं कि आपके जीवन का उद्देश्य मानवता की सेवा करना है तो ऐसे प्रयास करो कि अन्तिम व्यक्ति तक कोई भी आपकी मानवतापूर्ण सेवाओं से अछूता न रहे। यदि आप सोचते हैं कि आपके जीवन का उद्देश्य मोक्ष-प्राप्ति है तो आप स्वयं को सभी बंधनों से पूर्णतः मुक्त कर लें। लेकिन यह आवश्यक है कि आपके जीवन में एक सुस्पष्ट निर्धारित लक्ष्य हो और उस लक्ष्य को प्राप्त करने के लिए आप हर संभव प्रयास करें।

रिश्ते

गुलामी की बेड़ियों में जकड़े हुए रिश्ते कभी विकसित नहीं होते। रिश्ते केवल तभी फलते-फूलते हैं जब वे भावनाओं पर आधारित होते हैं।

गुरू और शिष्य का रिश्ता बौद्धिक दासता या भावनात्मक
दबाव का न होकर,
ज्ञान-प्राप्ति की ओर ले जाने वाला होना चाहिए।
आध्यात्मिकता के क्षेत्र में तो यह और भी अधिक
आवश्यक हो जाता है।

ध्यान

ध्यान, शरीर और मस्तिष्क से अलग होकर
स्वयं को अनुभव करने की कला है।

ध्यान का उद्देश्य अपने मन पर नियंत्रण पाना और
इसकी ऊर्जा का प्रयोग करते हुए 'पूर्ण जागरूकता' की स्थिति
को प्राप्त करना है।

कुछ लोग ध्यान का अर्थ पूर्णएकाग्रता की स्थिति से लगाते हैं,
लेकिन यह गलत है। वास्तव में ध्यान का उद्देश्य
अपने विचारों के प्रति सजग होना, उनपर नियंत्रण पाना तथा
रचनात्मक ढंग से अपने विचारों को प्रयोग में लाना है।
एकाग्रता तो यहां केवल एक साधन मात्र है।

Dipak Das

यदि आप अपनी विचार-प्रक्रिया को कुछ क्षणों के लिए रिकार्ड कर पाएं, तो आप कुछ इस तरह का अनुभव करेंगे, जिस तरह सद्दाम मोर्चा छोड़कर भागा है वह अत्यंत शर्मनाक है। वह कमीना शर्मा अपने आपको समझता क्या है.. ......कितना भद्दा है। जूता बहुत काट रहा है। अमिताभ ने उस......में बहुत बढ़िया काम किया। मुझे अपमानित किया गया है। मुझे इसे आज ही करना है, कल तो बिल्कुल भी नहीं। आप उस मशीन के भाग्य की कल्पना कीजिए जो इस तरह के अव्यवस्थित आंकड़ों को इकट्ठा करती है और उन्हें प्रयोग में लाती है। कृपया ध्यान रहे, जैसी गंदगी आप अपने अंदर संचित करेंगे वैसी ही गंदगी आप बाहर उगलेंगे। निसंदेह इसका परिणाम दिमाग में चिंता और शरीर में उच्च रक्तचाप के अतिरिक्त कुछ नहीं होगा। यदि किसी विकृति को रोकना है तो सबसे पहले हमें उसके स्रोत को पूरी तरह साफ और शुद्ध करना होगा।

प्राचीन समय में ध्यान केवल उन्हीं लोगों के लिए आवश्यक समझा जाता था जो जीवन-तथ्य की गहराई में छुपे अर्थ को जानने के लिए प्रयत्नशील रहते थे, लेकिन वर्तमान समय में ध्यान हर किसी की आवश्यकता बन चुका है, क्योंकि आज के विक्षिप्त संसार में मानसिक संतुलन बनाए रखने और शांति पाने का यही एकमात्र उपाय है।

सम्भावना

हर व्यक्ति एक सम्भावना के साथ इस संसार में जन्म लेता है।
वह किस सीमा तक 'सम्भावना' के स्तर को प्राप्त करता है
यह तीन बातों पर निर्भर है:-
1. निर्णय लेना, 2. प्रयत्नशीलता, 3. एक अज्ञात संयोग कारक
सफलता के इन तीन अवयवों में से दो पर तो मनुष्य का अधिकार है ही।

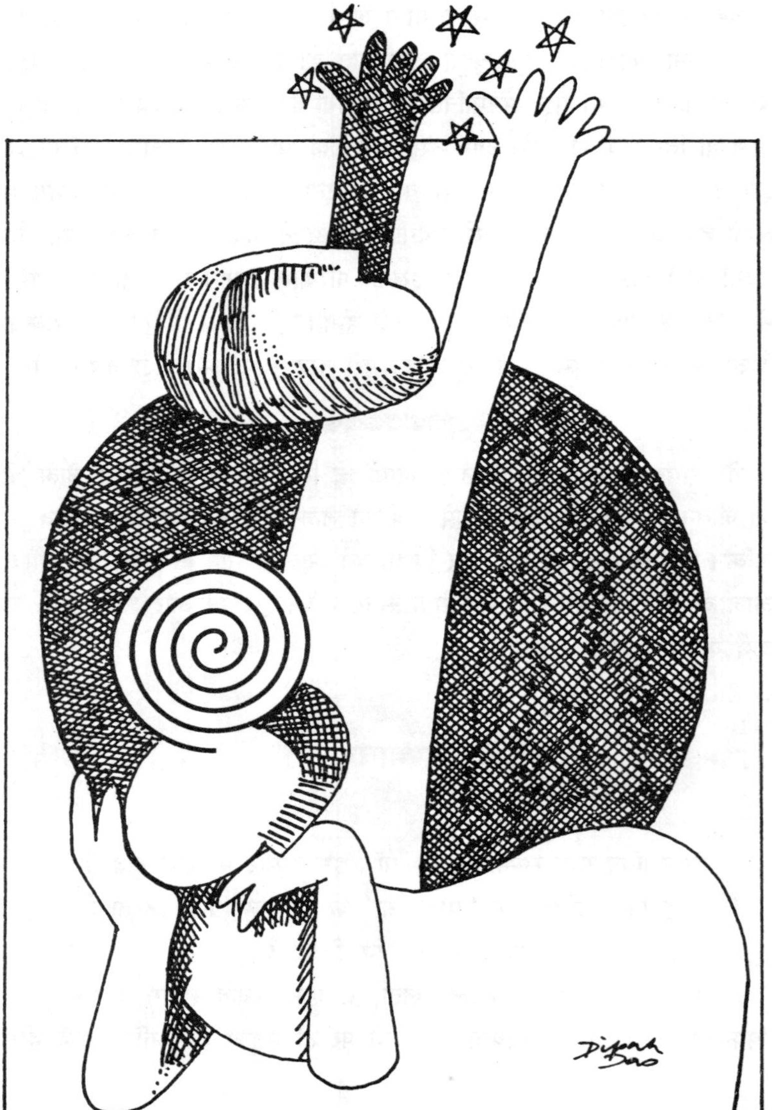

आशावादी बनाम निराशावादी

आशावादी कभी उम्मीद का दामन नहीं छोड़ता, इसलिए वह अधिकतम स्तर तक अपनी ऊर्जा का प्रयोग करता है। जबकि निराशावादी आरम्भ में ही अपनी हार मानकर बैठ जाता है। अतः निश्चित ही वह निष्क्रिय होकर जीवन की अनिश्चितताओं और अस्थिरताओं को झेलता है।

उन्नति

प्रकृति ने ऊर्जा की प्रत्येक तरंग तथा
प्रत्येक तत्त्व के कण-कण में एक रहस्य को छुपाया है, साथ ही
इन रहस्यों से पर्दा उठाने हेतु साधन भी उपलब्ध कराए हैं।
इन रहस्यों को सुलझाकर, और तत्पश्चात् इनसे मिलने वाले
लाभदायक परिणामों को जन-जन तक पहुंचाना
यही उन्नति का सच्चा अर्थ है।
उत्तरोत्तर पीढ़ियों के रिपोर्ट-कार्ड को भरने
का एक मानदंड यह भी है।

कर्मों के परिणाम

किसी अपराध को करने वाला भले ही
न्यायालय द्वारा सजा पाए अथवा नहीं,
लेकिन किन्हीं भी परिस्थितियों में कोई व्यक्ति
अपने कर्मों के मनोवैज्ञानिक और आत्मिक परिणामों से
बचकर भाग नहीं सकता। हर कार्य के कुछ दृश्यमान और
अधिकतर अदृश्य परिणाम सदा उसके साथ रहते हैं।
ये परिणाम विषय अनुरूप उस कार्य की तत्कालिक,
स्वचालित और स्वतःपूर्ण सजा अथवा पुरस्कार होते हैं।

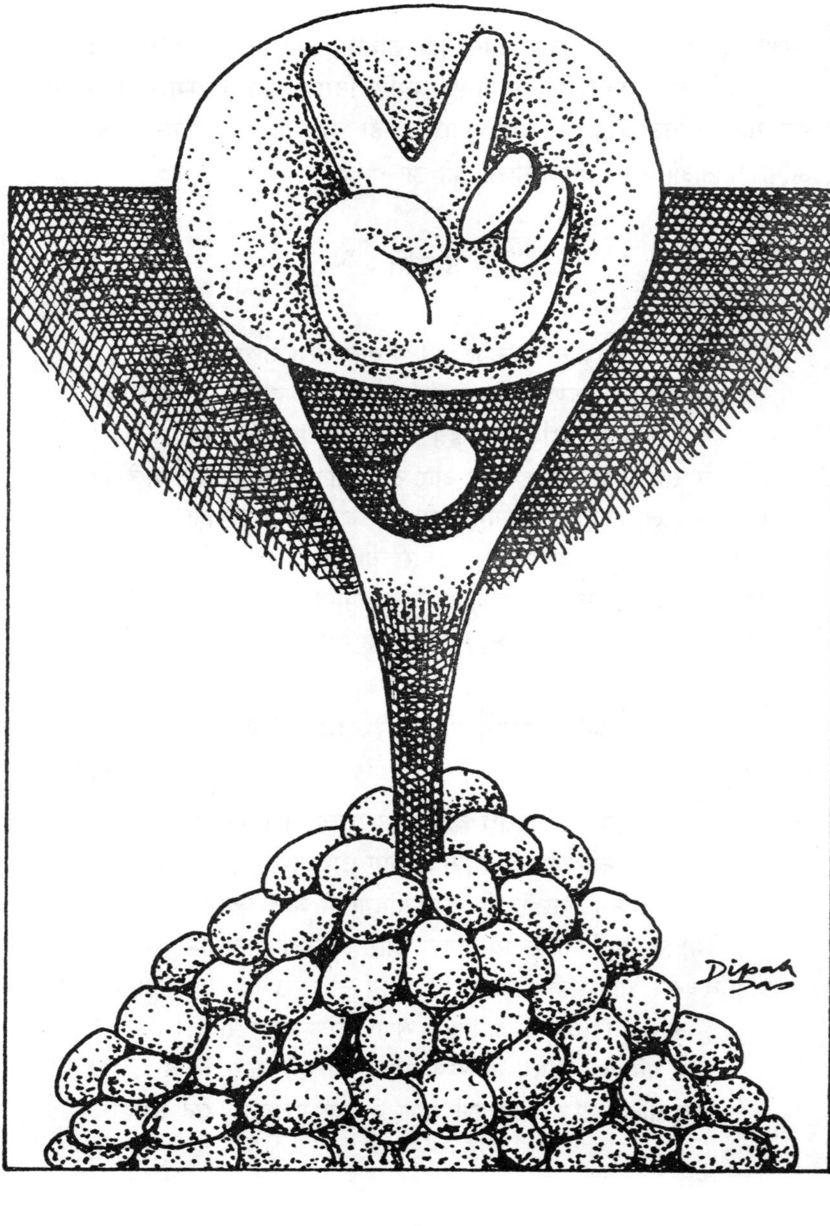

सफलता

कठिन परिश्रम रूपी छोटी-छोटी पगडण्डियों
से गुजरने के बाद ही
सफलता की राह नजर आती है।

सफलता को मापने का कोई विश्वव्यापी पैमाना नहीं हो सकता।
यद्यपि इसका एक तरीका तो यह है कि कोई व्यक्ति
किन परिस्थितियों में कितना कुछ प्राप्त चुका है,
तथा दूसरा यह कि उसने उस लक्ष्य को किस तरह प्राप्त किया है।

धर्म

धर्म का रूढ़िवादी स्वरूप उस अपारदर्शी दीवार की भांति है
जिसके पार देखना संभव नहीं है। जब प्रकाश की किरणें इस पर पड़ती हैं
तब यह इतनी व्यापक हो जाती है कि कुछ भी दिखाई नहीं पड़ता।
उदार, स्वच्छंद और पारदर्शी धर्म आज की आवश्यकता है।

प्राचीन विश्वास जो सर्वमान्य वैज्ञानिक तथ्यों के सम्मुख
अप्रभावी, कमजोर और अस्थिर दिखाई पड़ते हैं,
उनके पुन:निरीक्षण की आवश्यकता है, साथ ही
उनके सिद्धांतों का पुनर्मूल्यांकन भी जरूरी है।

वे धर्म जो स्वयं के अतिरिक्त मुक्ति के अन्य किसी
मार्ग को स्वीकार नहीं करते, वे स्वभावत: अत्यंत
दमनकारक और विषादजनक होते हैं।
ऐसे धर्म सदा अत्यंत रक्षात्मक बने रहते हैं, क्योंकि
उदारता के परिवेश में ये स्वयं को प्रकट करने का
जोखिम नहीं उठा सकते।

गलती

गलती जानबूझकर की जाए या अनजाने में,
इसकी सहज प्रवृति है कि यह लगातार बढ़ती जाती है।
इसलिए, अवसर मिलते ही उसको तुरंत
सुधार लेना चाहिए।

जब तक आप अपनी गलती का अनुभव नहीं करते
तब तक आप उसको दोहराने के लिए विवश हैं।

शब्दों की शक्ति

मधुर, सार्थक और उपयुक्त शब्द कभी-कभी हमें वह सब दे जाते हैं
जो समस्त संसार की धन-संपदा खर्च करने पर भी नहीं मिल सकता।

समस्या

यदि समस्या है तो उसका समाधान भी अवश्य होता है।
ऐसी कोई समस्या नहीं जिसका हल न हो।

प्रतिष्ठा

कुछ करने या न करने का निर्णय लेने से पहले
यह अवश्य याद रखें कि अपने स्वयं के अतिरिक्त
आप एक परिवार, एक समुदाय, एक पीढ़ी और
अन्य बहुत से लोगों का प्रतिनिधित्व कर रहे होते हैं।
इसलिए आपके निर्णय पर एक ही समय में
अनेक प्रतिष्ठिाएं दाव पर लगी रहती हैं।

अवसर

कोई भी कष्टदायक प्रतीत होने वाली परिस्थिति
एक ऐसा अवसर है जिसे प्रकृति ने आपको
अपनी योग्यता को साबित करने के लिए उपलब्ध कराया है।
यदि आप इसमें सफल हो जाते हैं तो
आप विजेता कहलाएंगे और यदि नहीं तो
जो कुछ आप पा चुके हैं आप उतने के ही अधिकारी हैं।
इसी के साथ संतुष्ट रहने का प्रयास करें।

जो अवसर हाथ से निकल गया उसके लिए पश्चाताप न करें,
क्योंकि एक और अवसर आपका दरवाजा खटखटा रहा है।

अवसर अपने मूल रूप में बहुत कम प्रकट होते हैं।
अकसर ये किसी चुनौती या समस्या के रूप में ही सामने आते हैं।

प्रतिशोध

प्रतिशोध वह मूल्य है जिसे कोई व्यक्ति अपने नुकसान की भरपाई के रूप में दूसरे व्यक्ति पर, जिसने उसे नुकसान पहुंचाया है, थोपना चाहता है। साथ ही प्रतिशोधी अपने नुकसान के बदले में दूसरे को नुकसान पहुंचाकर न केवल उसके प्रतिशोध की आधारभूमि को तैयार करता है बल्कि प्रतिशोध को औचित्य भी प्रदान करता है।

प्रतिशोध की आग सबसे अधिक भंयकर है,
क्योंकि यह न केवल दूसरों को अपितु
स्वयं को भी भीतर तक जला डालती है।

Dipak Das

उचित

शक्तिशाली शायद उचित हो या न हो,
लेकिन उचित सदैव शक्तिशाली होता है।

तरंगीय प्रभाव

कोई भी कार्य, संबंध स्थापित करना या विचारों की अभिव्यक्ति
न केवल संबंधित व्यक्ति को प्रभावित करती है,
अपितु एक व्यापक तरंगीय प्रभाव की उत्पत्ति भी करती है;
अर्थात् ये गतिविधियां एक-साथ एक ही समय पर
बहुत से लोगों को प्रभावित करती हैं।
अतः इनमें से कोई भी काम करने से पहले सावधानी बहुत आवश्यक है।

आत्मविश्वास

निरन्तर असुरक्षा की भावना से ग्रसित व्यक्तिगत अहं की सहस्त्रों बूंदें,
आपसी इच्छा और सहयोग से स्वयं को
एक विशाल सागर के निर्माण हेतु एक-दूसरे में विलीन कर सकती हैं।
इस विशाल सागर में और कुछ नहीं केवल आत्मविश्वास की धारा ही
प्रवाहित रहेगी।

जो लोग किसी काम को करने के प्रति विश्वस्त हैं,
निसंदेह वे उस काम को कर सकते हैं, लेकिन जो
पहले से ही सोच लें कि उनसे कोई काम नहीं होगा,
सम्भवतः वे कभी उस काम को नहीं कर सकते।

परिस्थितियां कितनी भी कठिन हों, वातावरण कितना भी पीड़ादायक हो,
जिनके पास आत्मविश्वास रूपी हथियार है वे जीवन
की हर जंग जीत ही लेते हैं।

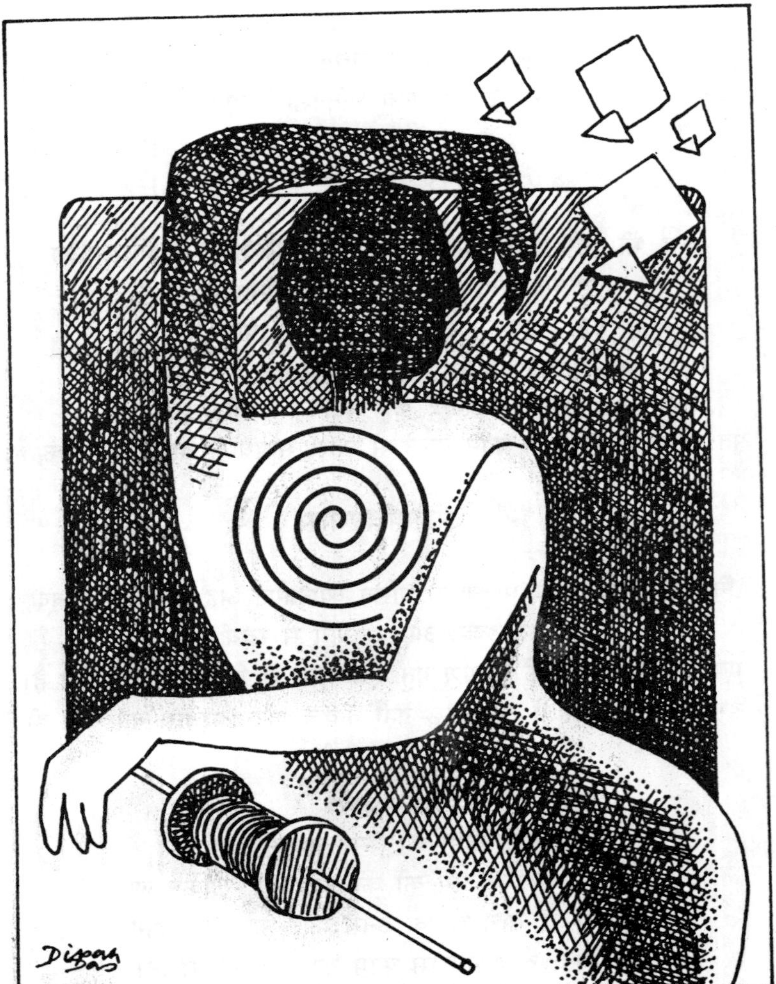

आत्मबोध

आत्मबोध से उत्पन्न आनन्द पर
कभी अपकर्ष या प्रत्यागम के नियम लागू नहीं होते।

बांटना

ज्ञानप्राप्ति के लिए झुकना तथा धनार्जन के लिए कठिन
परिश्रम बहुत जरूरी है,
परन्तु इन दोनों से अधिक से अधिक आनन्द प्राप्त करने के लिए
इनको बांटना उतना ही आवश्यक है।

विषम प्राथमिकताएं

मनुष्य अपनी संपूर्ण जाति को शालीनतापूर्ण जीवन देने में अभी तक सक्षम नहीं हुआ है, लेकिन दूसरी ओर उसने अपने लिए वे सब हथियार जुटा लिए हैं जो कई बार संपूर्ण मानवजाति का विनाश कर सकते हैं। मनुष्य की ये प्राथमिकताएं क्या उचित कही जा सकती हैं?

मुस्कान

एक कृत्रिम मुस्कान न केवल बुरे विचारों और मनोभावों को समाप्त कर सकती है, बल्कि यह एक खुशनुमा अहसास को उत्पन्न करने में भी सक्षम होती है। अब जरा स्वस्थ और विशद्ध विचारों की उस बौछार की कल्पना कीजिए
जो एक सच्ची मुस्कान से उत्पन्न हो सकती है।

समर्पण

ईश्वर के प्रति समर्पण में आपको कुछ भी व्यय नहीं करना होता।
यह एक ऐसा व्यापार है जिसमें आपकी कुल आय ही शुद्ध लाभ है।

दु:ख बनाम सुख

एक निर्धारित समय पर, दो तरह की शक्तियां मानस-द्वार
पर दस्तक देती हैं:
पहली वे जो दु:ख की ओर ले जाने वाली हैं और
दूसरी वे जो सुख की ओर ले जाने वाली हैं।
कभी-कभार कुछ हानिकारक शक्तियों की दस्तक भी प्रबल हो सकती है,
लेकिन किस शक्ति को अन्दर आने की अनुमति देनी है और किसको नहीं,
यह निर्णय सदा संबंधित व्यक्ति पर निर्भर करता है।

विपत्ति

किसी व्यक्ति पर आने वाली विपत्तियां या कष्ट
बहुत कम ईश्वरप्रदत्त या दूसरों की गलती या आचरण
का परिणाम होते हैं। वास्तव में विपत्तियों का मूल कारण
हमारे अन्दर ही विद्यमान होता है।
जहां समस्या है उसका समाधान भी वहीं मौजूद होता है।

आत्महत्या

मानवता के विरूद्ध एक अपराध,
जो आत्मरक्षा के मूल सिद्धांत के विपरीत होने के कारण
हत्या से भी कहीं अधिक घिनौना है-
यह है आत्महत्या।
इसका सबसे दुर्भाग्यपूर्ण पहलू यह है कि
मानवीय अदालत इस अपराध की सजा देने में सक्षम नहीं है।

अंधविश्वास

एक अंधविश्वासी व्यक्ति जो कुछ करता है
उसकी तरफ तनिक भी ध्यान न दें,
क्योंकि उसका स्वयं अपनी इच्छा पर कोई अधिकार नहीं होता।

आध्यात्मिकता

आध्यात्मिकता वह मरहम है
जो धर्म, जाति और प्रभुत्ता के नाम पर सहस्त्रों वर्षों से जारी
संघर्ष के परिणामस्वरूप अशांत हुई मानवतीय तंत्रिकाओं
को शांत करती है।

आध्यात्मिकता का संबंध मनुष्य की अपने
रचयिता को जानने की स्वाभाविक लालसा से है,
यहां धर्म वह स्व-घोषित बिचौलिया है जो
इस लालसा को संतुष्ट करने वाले साधनों पर
नियंत्रण का दावा करता है ।

आध्यात्मिकता जीवन के उद्देश्य की
खोज का सार है।
धार्मिक संगठन, सम्प्रदाय और दर्शनशास्त्र
इस अन्वेषण के विविध रूपों को दर्शाते हैं।

एक तरफ विकास और समृद्धि तथा दूसरी ओर
नैतिक मूल्यों और आध्यात्मिकता के बीच
कोई अंतर्निहित विरोध नहीं है।
वस्तुतः ये एक-दूसरे के पूरक हैं।

सतही-तनाव

भौतिक-विज्ञान का सिद्धांत हमें सतही-तनाव का बोध कराता है।
यदि वास्तविक शांति चाहिए तो जो कुछ भी हम करते हैं
हमें उसकी गहराई में उतरना चाहिए।

चापलूस

चापलूस व्यक्ति आपका सबसे बड़ा शत्रु है,
क्योंकि वह आपको वास्तविकता से अवगत नहीं होने देता,
और जब वास्तविकता आपके सामने आकर खड़ी हो जाती है
तो ऐसे इंसान ढूंढ़ने पर भी दिखाई नहीं देते।

चापलूस इंसान आपके जीर्ण-शीर्ण अहंकार पर
अपनी चापलूसी का पैवंद लगाता है।
जब आपके व्यक्तित्व में कोई छेद ही नहीं है, तो फिर
चापलूसों को अपने निकट आने ही क्यों दें।

समय

कुछ लोगों का मानना है कि 'समय ही धन' है।
हमें कभी भी समय के महत्त्व को इस सीमा तक नहीं घटाना चाहिए।

शिक्षण

शिक्षण का अर्थ ज्ञान का एकतरफा स्थानांतरण मात्र नहीं है,
बल्कि ज्ञान को परस्पर बांटना भी शिक्षण है।

आतंकवाद

जो लोग मन ही मन आतंकित रहते हैं केवल वही
बाह्य संसार में आतंकवाद फैलाने का प्रयास करते हैं।

धर्मतन्त्र

धर्मतन्त्र या मजहबी अवस्था उस गहन अंधेरी कोठरी के समान है
जहां केवल एक झरोखे को छोड़कर
ज्ञान की अन्य सभी खिड़कियां और झरोखे सदा के लिए
बंद कर दिये गए हैं।

वर्तमान क्षण

वर्ष, दशक या शताब्दि पुरूष बनने के लिए
संघर्ष करने की आवश्यकता नहीं है,
बल्कि प्रत्येक क्षण को शानदार ढंग से जीना सीखें।
वर्तमान क्षण को पूरी तरह अपने नियंत्रण में रखें,
फिर वर्ष, दशक और शताब्दियां तो स्वयं आपका अनुसरण करेंगी।

प्रत्येक क्षण अपनी गर्भ में एक अवसर छुपाए रखता है।
इसे यथोचित समय पर, उचित रीति अनुसार,
सही व्यक्ति द्वारा उद्घाटित किए जाने की आवश्यकता है।

भूत और भविष्य को जोड़ने वाली एकमात्र कड़ी है—वर्तमान।
वर्तमान के संदर्भ में ही दोनों प्रासंगिक प्रतीत होते हैं।
वर्तमान के अभाव में दोनों महत्त्वहीन हैं।

मनुष्य के जीवन को केवल तीन क्षण निर्धारित करते हैं-
पहला जन्म का क्षण, दूसरा मृत्यु का क्षण और तीसरा वर्तमान क्षण।
पहले क्षण पर मनुष्य का कोई अधिकार नहीं है।
दूसरे क्षण पर भी मनुष्य का बहुत कम नियंत्रण है।
अन्तिम यानि वर्तमान क्षण ही है जिसपर हमारा नियंत्रण है,
हमें इस क्षण को अत्यंत रचनात्मक ढ़ंग
से प्रयोग में लाना चाहिए।

परम्परा

कभी भी किसी गलत परम्परा का निर्वाह मत करों।
क्योंकि यदि आप ऐसा करते हैं तो आप न केवल अपने स्वयं के
कार्यो और व्यवहार के लिए उत्तरदायी होते हैं, बल्कि
दूसरे लोगों के कार्यो और व्यवहार से उत्पन्न
परिणामों का बोझ भी उठाते हैं।

चिन्ता

अपने काम को लेकर चिंतित न हों,
बल्कि अपनी चिन्ताओं पर काम करें।

'चिन्ता करो और दु:खी रहो'।
सम्भवत: बहुत से लोग इस युक्ति को स्वीकार नहीं करेंगे।
लेकिन फिर भी सभी पूरी ईमानदारी के साथ इसका अनुसरण करते हैं।

जीवन की अनिश्चितताएं

जीवन का सौन्दर्य इसकी अनिश्चितताओं में छुपा रहता है।
यदि किसी व्यक्ति को अपनी मृत्यु का पहले ही स्पष्ट बोध हो जाए
तो निस्संदेह वह व्यक्ति हर क्षण असामयिक और कष्टपूर्ण
मृत्यु को भोगता है।

जीवन की अनिश्चितताएं मनुष्य को जीवन-रस का अहसास कराती हैं।
यदि जीवन में सब कुछ पूर्व ज्ञात हो तो जीवन-आनन्द का अर्थ ही न रहे।

युद्ध

अपने स्वयं के भीतर, अपने समुदाय के अंदर और इससे भी आगे बढ़कर,
अपने समाज के अन्दर छुपी बुराइयों और कमजोरियों के
विरूद्ध युद्ध करो। दूसरे लोगों की परवाह मत करो,
वे स्वयं अपना ध्यान रखेंगे।
एक सच्चे सिपाही की भांति अपने
इस लक्ष्य की ओर तत्परता से बढ़ते रहो।

केवल अपने भले के लिए ही युद्ध नहीं करो,
अपितु जो कुछ वास्तव में उचित और कल्याणकारी है
उसके लिए भी युद्ध करो।

वैभव

वैभव यानि धन-सम्पत्ति का निर्माण
न केवल हर व्यक्ति का अधिकार है,
बल्कि प्रत्येक का सामाजिक कर्त्तव्य भी है।
लेकिन इसकी प्रक्रिया में सम्बन्धित व्यक्ति का अपकर्ष
एक ऐसी कीमत है जो अस्वीकार्य है।

प्रौद्योगिकी के रूप में वैभव एक अच्छा सेवक तो है,
लेकिन स्वामी के रूप में अत्यंत बुरा भी है।

साक्षी

किसी अन्य व्यक्ति से कहीं अधिक
आप स्वयं अपने कार्यों के साक्षी हैं।
सदा अपने स्वयं के साक्षी होने को स्वीकार करें,
कभी भी अपने आत्म के प्रति बेईमान न बनें।

इच्छाशक्ति

इच्छाशक्ति किसी व्यक्ति का वह सामर्थ्य है
जो उसके मन-मस्तिष्क और शरीर को
उसके द्वारा लिए गए विवेकपूर्ण निर्णयों के कार्यान्वयन हेतु
तैयार करता है।

मनुष्य का मन उसके शरीर के समान सदा विकसित होता रहता है।
किसी व्यक्ति की इच्छाशक्ति वह महत्त्वपूर्ण निवेश है
जो इस विकासमूलक प्रक्रिया के परिणाम को
बड़े पैमाने पर प्रभावित करता है।

परिश्रम

जिस तरह गतिशीलता मशीन का जंग लगने से बचाती है,
उसी तरह परिश्रम और चुनौतियां मनुष्य को आलस्य से बचाती हैं।

किसी काम में विलम्ब उस काम को कई गुना बढ़ा देता है,
जो प्रत्यक्षतः विलम्ब की अवधि के समानुपाती होता है।
यह बढ़ा हुआ कार्य सदा अनावश्यक होता है।

कल्पनाएं वाष्प रूप होती हैं
जो किसी भी व्यक्ति को कहीं भी ले जा सकती हैं।
नियोजन वह तरलता है जिसकी अपनी सीमाएं हैं।
केवल कठिन परिश्रम ही है जो किसी व्यक्ति की आकांशाओं को
साकार रूप देता है।

शरीर और मन को स्वस्थ रखने के लिए
शारीरिक और मानसिक श्रम के बीच संतुलन अत्यावश्यक है।
स्वचालन की वजह से इस संतुलन में गड़बड़ पैदा हो गई है।
मनुष्य का स्वास्थ्य तब तक खराब रहेगा
जब तक कि इस संतुलन को पुनः स्थापित न किया जाए।

मनुष्य को शरीर, मन और जागरूकता
के संगठनात्मक ढांचें के रूप में परिभाषित किया जा सकता है।
इसके अतिरिक्त किसी व्यक्ति को परिभाषित करने का
एक श्रेष्ठतम ढंग उसे सौंपा गया कार्य तथा उस कार्य को पूरा करने में
उसकी निपुणता भी हो सकता है।

वे लोग जो अपने काम में आनन्द लेना जानते हैं,
केवल उन्हीं से आनन्द या खुशी के वास्तविक अर्थ की
अनुभूति की आशाएं की जा सकती है।

Dipak Das

युवा पीढ़ी

अच्छाई या बुराई के रूप में युवा पीढ़ी को परखना उचित नहीं है, क्योंकि इसे दूसरों द्वारा स्थापित मानदंडों पर नहीं परखा जा सकता। यदि युवा पीढ़ी किसी व्यवस्था का अनुसरण नहीं करती है तो इसके लिए वयोवृद्ध पीढ़ी को ही दोषी ठहराया जाना चाहिए। न तो पुरानी पीढ़ी ने नयी पीढ़ी में अपने मूल्यों को ही भरा और न ही उन्हें स्वयं अपने मूल्य विकसित करने में सक्षम बनाया।

सच बनाम झूठ

तथ्यों का हूबहू वर्णन सच है। दूसरी ओर झूठ को उन बनावटी चेहरों द्वारा वर्णित किया जा सकता है जो वास्तविक तथ्यों को छुपाने के लिए बनाए जाते हैं। सच को स्वयं को प्रमाणित करने के लिए किसी बाह्य साधन की सेवाओं की आवश्यकता नहीं होती है। सच को न तो किसी के द्वारा बनाया जा सकता है और न ही उसे नष्ट किया जा सकता है। जबकि झूठ न केवल निहित स्वार्थों द्वारा पनपता है बल्कि उसे अपने अस्तित्व के लिए निहित स्वार्थों की निरन्तर सहायता की आवश्यकता भी होती है। सच चिरस्थायी होता है, जबकि झूठ केवल तभी तक जीवित रहता है जब तक कि सच बाहर नहीं आता। अत: इस परिभाषा के अनुसार झूठ पर कम से कम निर्भर रहना चाहिए। इसका सहारा केवल तभी लेना चाहिए जब बहुत अधिक जरूरी हो और इसके अतिरिक्त कोई ओर रास्ता दिखाई न दे।

उपासना

जो लोग बिना किसी आशा या स्वार्थ के ईश्वर की अराधना करते हैं,
उन्हें ईश्वर से कुछ भी मांगने की आवश्यकता नहीं होती,
क्योंकि ईश्वर स्वयं उनके जानने से पहले
उनकी आवश्यकताओं को जान लेता है।

वैसे तो ईश्वर निराकार है,
लेकिन जिस भी रूप में उसकी उपासना की जाए,
उसी रूप में उसकी उपस्थिति का अहसास होने लगता है।

जीवन उत्साह

एक बच्चा अपने छोटे से जीवनकाल में
संपूर्ण संसार को बदलने के सपने संजोता है,
जबकि जीवन के संध्याकाल में कोई व्यक्ति स्वयं
अपनी आदतों में परिवर्तन के बारे में नहीं सोच सकता।
आयु को वर्षों से नहीं, बल्कि जीवन के प्रति उत्साह से
जोड़कर देखना चाहिए,
जो क्रमशः मनुष्य की कल्पना-क्षमता पर निर्भर करता है।